BERLITZ®

4a

Hungarian
PHRASE BOOK
& DICTIONARY

D0837416

Easy to use features

- Handy thematic colour coding
- Quick Reference Section
- Tipping Guide — inside back cover
- Quick reply panels throughout

How best to use this phrase book

● We suggest that you start with the **Guide to pronunciation** (pp. 6–9), then go on to **Some basic expressions** (pp. 10–15). This gives you not only a minimum vocabulary, but also helps you get used to pronouncing the language. The phonetic transcription throughout the book enables you to pronounce every word correctly.

● Consult the **Contents** pages (3–5) for the section you need. In each chapter you'll find travel facts, hints and useful information. Simple phrases are followed by a list of words applicable to the situation.

● Separate, detailed contents lists are included at the beginning of the extensive **Eating out** and **Shopping guide** sections (Menus, p. 40, Shops and services, p. 97).

● If you want to find out how to say something in Hungarian, your fastest look-up is via the **Dictionary** section (pp. 164–189). This not only gives you the word, but is also cross-referenced to its use in a phrase on a specific page.

● If you wish to learn more about constructing sentences, check the **Basic grammar** (pp. 159–163).

● Note the **colour margins** are indexed in Hungarian and English to help both listener and speaker. And, in addition, there is also an **index in Hungarian** for the use of your listener.

● Throughout the book, this symbol ☛ suggests phrases your listener can use to answer you. If you still can't understand, hand this phrase book to the Hungarian-speaker to encourage pointing to an appropriate answer. The English translation for you is just alongside the Hungarian.

First revised edition—4th printing 1994
Printed in Switzerland

Contents

4

Acknowledgments
We are particularly grateful to Judit Hollós for her help in the preparation of this book, and to Dr. T.J.A. Bennett who devised the phonetic transcription.

Guide to pronunciation

This and the following chapter are intended to make you familiar with the phonetic transcription we devised and to help you get used to the sounds of Hungarian.

As a minimum vocabulary for your trip, we've selected a number of basic words and phrases under the title "Some Basic Expressions" (pages 10–15).

An outline of the spelling and sounds of Hungarian

You'll find the pronunciation of the Hungarian letters and sounds explained below, as well as the symbols we use for them in the transcription. Note that Hungarian has some diacritical signs—special markings over certain letters—which we don't use in English.

The imitated pronunciation should be read as if it were English except for any special rules set out below. It is based on Standard British pronunciation, though we have tried to take into account General American pronunciation as well. Of course, the sounds of any two languages are never exactly the same; but if you follow carefully the indications supplied here, you'll have no difficulty in reading our transcription in such a way as to make yourself understood.

Letters written in **bold** type should be stressed (pronounced louder).

Consonants

Letter	Approximate pronunciation	Symbol	Example	
b, d, f, h, m, n, v, x, z	as in English			
c	like ts in nets	ts	**arc**	orts

cs	like ch in chap	ch	kocsi	kawchee
g	always as in go, never as in gin	g/gh	gáz régi	gaaz rayghee
gy	like di in medium, said fairly quickly	d^y	ágy	aad^y
j	like y in yes	y/^y	jég	yayg
k	always as in sick, never as in kill	k	kör	kurr
l	always as in leap, never as in ball	l	ital	eetol
ly	like y in yes	y/^y	Károly	kaaraw^y
ny	quite like ni in onion	n^y	hány	haan^y
p	always as in sip, never as in pill	p	posta	pawshto
r	pronounced with the tip of the tongue, like Scottish r	r	ír	$\overline{ee}$r
s	like sh in shoot	sh	saláta	shollaato
sz	like s in so	s/ss	szó ész	s$\overline{aw}$ ayss
t	always as in sit, never as in till	t	túra	t$\overline{oo}$ro
ty	like t y in a fast pronunciation of put your	t^y	atya	ot^yo
zs	like s in pleasure	zh	zsír	zh$\overline{ee}$r

Vowels

a	quite like o in not (British pronunciation)	o	hat	hot
á	like the exclamation "ah!"	aa	rág	raag
e	quite like e in yes, but with the mouth a little more open, i.e. a sound between e in yes and a in hat	æ	te	tæ
é	like ay in say, but a pure vowel, not a diphthong, i.e. neither the tongue nor the lips move during the pronunciation of it	ay	mér	mayr

i	like **ee** in feet (short)	ee	**hideg**	heedæg
í	like **ee** in see (long)	$\overline{ee}$	**míg**	meeg
o	quite like **aw** in saw (British pronunciation), but shorter	aw	**bot**	bawt
ó	like **aw** in saw, but with the tongue higher in the mouth	$\overline{aw}$	**fotó**	fawtaw
ö	like **ur** in fur, but short, without any r-sound, and with rounded lips	ur	**örök**	urrurk
ő	like **ur** in fur, but without any r-sound, and with the lips tightly rounded	$\overline{ur}$	**lő**	lur
u	as in the British pronunciation of pull	oo	**kulcs**	koolch
ú	like **oo** in food	$\overline{oo}$	**kút**	koot
ü	round your lips and try to say **ee**; the resulting sound should be as in French une or German fünf	ew	**körül**	kurrewl
ű	the same sound as **ü**, but long and with the lips more tightly rounded	$\overline{ew}$	**fűt**	fewt

N.B. 1) There are no "silent" letters in Hungarian, so all letters must be pronounced. This means that double consonants are pronounced long, e.g. **tt** in kettő (**kæt**-tūr) sounds rather like **t-t** in a fast pronunciation of part-time. (But a double consonant appearing at the end of a word is pronounced short). It also means that vowels standing next to each other are pronounced separately and do not combine to produce diphthongs.

2) When two or more consonants stand next to each other, the last one can influence the pronunciation of the others. If it is "voiceless", it will make a preceding "voiced" consonant into a "voiceless" one, and vice versa, e.g. *végtelen* is

pronounced as if it were written *véktelen*. The "voiceless" consonants are **c**, **f**, **k**, **p**, **s**, **sz**, **t**, **ty**, and the corresponding "voiced" ones are **dz**, **v**, **g**, **b**, **zs**, **z**, **d**, **gy**.

3) Every word, when pronounced alone, has a strong stress on its first syllable. When words are combined in sentences, the stress on the less important words weakens.

4) The "double" forms of **cs**, **gy**, **ly**, **ny**, **sz**, **ty**, **zs** are **ccs**, **ggy**, **lly**, **nny**, **ssz**, **tty**, **zzs**. If the "double" form is divided at the end of a line, then the single form is written twice, e.g. **cs-cs** instead of **c-cs**.

5) In Hungarian, the letter **j** can combine with a preceding vowel to produce diphthongs, e.g. *új* (pronounced $\overline{oo}^y$), *fej* (pronounced fæ^y), *sajt* (pronounced soyt). In all these cases, the **y** should be pronounced only fleetingly, as in boy.

	Pronunciation of the Hungarian alphabet						
A	o	**GY**	d^{y}e	**NY**	æn^y	**T**	te
Á	aa	**H**	haa	**O**	aw	**TY**	t^{y}e
B	be*	**I**	ee	**Ó**	$\overline{aw}$	**U**	oo
C	tse	**Í**	$\overline{ee}$	**Ö**	ur	**Ú**	$\overline{oo}$
CS	tche	**J**	ye	**Ő**	$\overline{ur}$	**Ü**	ew
D	de	**K**	kaa	**P**	pe	**Ű**	$\overline{ew}$
E	æ	**L**	æl	**Q**	kew	**V**	ve
É	e	**LY**	æl **eepseelon**	**R**	ær	**W**	**doop**lovvay
F	ayf	**M**	æm	**S**	æsh	**Z**	ze
G	ghe	**N**	æn	**SZ**	æs	**ZS**	zhe

---

* **e** doesn't appear in the transcriptions, but has more or less the same value as **a** in late.

Some basic expressions

Yes.	**Igen.**	eegæn
No.	**Nem.**	næm
Please.	**Kérem.**	kayræm
Thank you.	**Köszönöm.**	kursurnurm
Thank you very much.	**Köszönöm szépen.**	kursurnurm saypæn
That's all right/ You're welcome.	**Szívesen.**	sēēvæshæn
Excuse me. (May I get past?)	**Elnézést.**	ælnayzaysht
Sorry!	**Sajnálom.**	shoynaalawm

Greetings *Köszönés*

Good morning.	**Jó reggelt!**	yāw ræg-gælt
Good afternoon.	**Jó napot!**	yāw noppawt
Good evening.	**Jó estét!**	yāw æshtayt
Good night.	**Jó éjszakát!**	yāw ay^{y}sokkaat
Goodbye.	**Viszontlátásra!**	veesawntlaataashro
See you later.	**Viszlát!**	veeslaat
Hello/Hi!	**Szia/Sziasztok!**	seeo/seeostawk
This is... *	**Szeretném bemutatni...**	særætnaym bæmootootnee
This is my husband/ my wife.	**Szeretném bemutatni a férjemet/a feleségemet.**	særætnaym bæmootootnee o fayryæmæt/ o fælæshaygæmæt
How do you do? (Pleased to meet you.)	**Örülök, hogy megismerhetem.**	urrewlurk hawd^y mægeeshmærhætæm
How are you?	**Hogy van?**	hawd' von

---

* The words for Mr., Mrs. and Miss are only used on very formal occasions, and the family name precedes the first name. See also MAKING FRIENDS, page 92.

Very well, thanks. And you?	**Köszönöm, nagyon jól. És Ön?**	kursurnurm nod^yawn yāwl. aysh urn
How's life?	**Hogy s mint?**	hawd^y sh meent
Fine.	**Köszönöm, jól.**	kursurnum yāwl

Questions *Kérdések*

Where?	**Hol?**	hawl
Where is ...?	**Hol van ...?**	hawl von
Where are ...?	**Hol vannak ...?**	hawl von-nok
Where can I find/ get ...?	**Hol találok/ kaphatok ...?**	hawl tollaalawk/kophottawk
How?	**Hogy?**	hawd^y
When?	**Mikor?**	meekawr
What?	**Mi?**	mee
What's that?	**Mi az?**	mee oz
Why?	**Miért?**	meeayrt
Who?	**Ki?**	kee
Who's that?	**Ki az?**	kee oz
Which?	**Melyik?**	mæ^yeek
Which bus goes to ...?	**Melyik busz megy ... felé?**	mæ^yeek boos mæd^y ... fælay
How far?	**Milyen messze?**	mee^yæn mæs-sæ
How long?	**Mennyi ideig?**	mæn^yee eedæeeg
How much/How many?	**Mennyi/Hány?**	mæn^yee/haan^y
How much does this cost?	**Mennyibe kerül?**	mæn^yeebæ kærewl
When does ... open/ close?	**Mikor nyit/zár ...?**	meekawr n^yeet/zaar
What do you call this/that in Hungarian?	**Hogy mondják ezt/ azt magyarul?**	hawd^y mawnd^yaak æst/ost/ mod^yorool
What does this/that mean?	**Ez/Az mit jelent?**	æz/oz meet yælænt
I beg your pardon?	**Tessék?**	tæsh-shayk

SOME BASIC EXPRESSIONS

Alapvető kifejezések

Do you speak ...?	Beszél ...?	
Do you speak English?	**Beszél angolul?**	bæsayl ongawlool
Does anyone here speak English?	**Van itt valaki aki beszél angolul?**	von eet vollokkee okkee bæsayl ongawlool
I don't speak (much) Hungarian.	**Nem tudok (jól) magyarul.**	næm toodawk (yāwl) mod^yorrool
Could you speak more slowly?	**Elmondaná lassabban?**	ælmawndonnaa losh-shob-bon
Could you repeat that?	**Megismételné?**	mægheeshmaytælnay
Could you spell it?	**Elbetűzné?**	ælbætēwznay
How do you pronounce this?	**Ezt hogy ejtik?**	æst hawd^y ay^yteek
Could you write it down, please?	**Leírná, kérem.**	læēērnaa kayræm
How do you say this in Hungarian?	**Ezt hogy mondják magyarul?**	æst hawd^y mawnd^yaak mod^yorrool
Can you translate this for me?	**Lefordítaná ezt nekem?**	læfawrdēētonnaa æst nækæm
Please point to the ... in the book.	**Kérem mutassa meg ezt a ... a könyvben.**	kayræm mootosh-sho mæg æst o ... o kurn^yvbæn
word/phrase sentence	**szót/kifejezést mondatot**	sāwt/keefæyæzaysht mawndottawt
Just a moment.	**Egy pillanat.**	æd^y peel-lonnot
I'll see if I can find it in this book.	**Megnézem, benne van-e a könyvben.**	mægnayzæm bæn-næ von-æ o kurn^yvbæn
I (don't) understand.	**(Nem) értem.**	(næm) ayrtæm
Do you understand?	**Érti?**	ayrtee
Do you have a dictionary?	**Van szótára?**	von sāwtaaro

Requests *Kérések*

| Can I/we have ...? | **Kaphatok/ Kaphatunk* ...?** | kophottok/kophottoonk |

* see GRAMMAR, page 159

Can you show me ...?	**Megmutatná ...?**	mægmoototnaa
I can't.	**Nem tudok.**	næm toodawk
Can you tell me ...?	**Megmondaná ...?**	mægmawndonnaa
Can you help me?	**Segítene?**	shægheetænæ
Can I help you?	**Segíthetek?**	shægheethætæk
Can you direct me to ...?	**Megmutatná merre van ...?**	mægmoototnaa mær-ræ von

I'd like ... *Szeretnék ...*

I'd like ...	**Szeretnék ...**	særætnayk
We'd like ...	**Szeretnénk ...**	særætnaynk
What would you like?	**Mit óhajt?**	meet awhoyt
Could you give me/ bring me/show me ...?	**Kaphatnék/Hozna/ Megmutatná ...?**	kophotnayk/hawzno/ mægmoototnaa
I'm looking for ...	**... keresem.**	... kæræshæm

And ... *És ...*

I'm hungry.	**Éhes vagyok.**	ayhæsh vod^yawk
I'm thirsty.	**Szomjas vagyok.**	sawmyosh vod^yawk
I'm tired.	**Fáradt vagyok.**	faarot vod^yawk
I'm lost.	**Eltévedtem.**	æltayvædtæm
It's important.	**Fontos.**	fawntawsh
It's urgent.	**Sürgős.**	shewrgurrsh

It is/There is ... *...van.*

It is ...	**... van.**	... von
It is cold.	**Hideg van.**	heedæg von
Is it ...?	**... van?**	... von
It isn't ...	**Nincs ...**	neench

Here/There it is.	**Itt/Ott van.**	eet/awt von
Here/There they are.	**Itt/Ott vannak.**	eet/awt von-nok
There is/are ...	**... van/vannak.**	... von/**von**-nok
Is/Are there ...?	**Van/Vannak ...?**	von/**von**-nok
There isn't/aren't ...	**Nincs/Nincsenek ...**	neench/**neen**chænæk
There isn't/aren't any.	**Nincs/Nincsenek.**	neench/**neen**chænæk

It's ...   *Ez ...*

beautiful/ugly	**szép/csúnya**	sayp/**choo**nʸo
better/worse	**jobb/rosszabb**	yawb/**raws**-sob
big/small	**nagy/kicsi**	nodʸ/**kee**chee
cheap/expensive	**olcsó/drága**	**awl**chaw/**draa**go
early/late	**korán/későn**	**kaw**raan/**kay**shūrn
easy/difficult	**egyszerű/nehéz**	ædʸsærēw/**næ**hayz
free (vacant)/ occupied	**szabad/foglalt**	**sob**bod/**faw**glolt
full/empty	**tele/üres**	**tæ**læ/**ew**ræsh
good/bad	**jó/rossz**	yāw/rawss
heavy/light	**nehéz/könnyű**	**næ**hayz/kurnʸēw
here/there	**itt/ott**	eet/awt
hot/cold	**meleg/hideg**	**mæ**læg/**hee**dæg
next/last	**következő/utolsó**	**kurv**ætkæzūr/**oo**tawlshaw
old/new	**régi/új**	**ray**ghee/ōoʸ
old/young	**öreg/fiatal**	**ur**ræg/**fee**ottol
open/shut	**nyitva/zárva**	nʸeetvo/**zaar**vo
quick/slow	**gyors/lassú**	dʸawrsh/**losh**-shōo
right/wrong	**helyes/helytelen**	**hæ**ʸæsh/**hæ**ʸtælæn
near/far	**közel/távol**	**kur**zæl/**taa**vawl

Quantities   *Mennyiségek*

a little/a lot	**egy kis/sok**	ædʸ keesh/shawk
few/a few	**kevés/néhány**	**kæ**vaysh/**nay**haanʸ
much/many	**sok**	shawk
more/less (than)	**több/kevesebb (mint)**	turb/**kæ**væshæb (meent)
enough/too	**elég/túl**	**æ**layg/tōol

A few more useful words   *Még néhány hasznos szó*

above	**felett**	fælæt
after	**után**	ootaan
and	**és**	aysh
at (time)	**-kor**	-kawr
at (space)	**-nál/-nél***	-naal/-nayl
before	**előtt**	ælūrt
behind	**mögött**	murgurt
below	**alatt**	ollot
between	**között**	kurzurt
but	**de**	dæ
down/downstairs	**le/lent**	læ/lænt
during	**közben**	kurzbæn
for	**-ért**	-ayrt
from	**-ból/-ből***	-bawl/-būrl
in/inside	**-ban/-ben*/bent**	-bon/-bæn/bænt
near	**közel**	kurzæl
never	**soha**	shawho
next to	**mellett**	mællæt
none	**egyik sem**	ædᵞeek shæm
not	**nem**	næm
nothing	**semmi**	shæm-mee
now	**most**	mawsht
on (onto)	**-ra/-re***	-ro/-ræ
on (place)	**-on/-en/-ön***	-awn/-æn/-urn
or	**vagy**	vodᵞ
outside	**kint**	keent
perhaps	**talán**	tollaan
since	**óta**	āwto
soon	**hamarosan**	hommorawshon
then	**aztán**	oztaan
through	**keresztül/át**	kæræstewl/aat
to	**-ba/-be*/felé**	-bo/-bæ/fælay
too (also)	**is**	eesh
towards	**felé**	fælay
under	**alatt**	ollot
until	**-ig**	-eeg
up/upstairs	**fel/fent**	fæl/fænt
very	**nagyon**	nodᵞawn
with/without	**-val/-vel*/nélkül**	-vol/-væl/naylkewl

---

* These prepositions change according to the rules of vowel harmony (see GRAMMAR, p. 159). We give you two examples to explain the principle of this rule:

-ból/ből:	from the house	ház**ból**
	from the book	könyv**ből**

Arrival

Passport control *Útlevélvizsgálat*

Whether you come by train, plane, car or Danube steamer, you'll have to go through customs formalities. If you didn't obtain a visa in advance through your travel agency or a Hungarian consulate, you can get one at road crossing points, river ports and at Budapest airport.

Note: Rail travellers *cannot* have a visa issued on the spot.

Here's my ...	Tessék, ...	tæsh-shayk
passport	az útlevelem	oz ōōtlævælæm
visa	a vízumom	o vēēzoomawm
driving licence	a jogosítványom.	a yawgawshēētvaanᵛawm
I'll be staying ...	... maradok.	... morroddawk
a few days	néhány napig	nayhaanᵛ noppeeg
a week	egy hétig	ædᵛ hayteeg
2 weeks	két hétig	kayt hayteeg
a month	egy hónapig	ædᵛ hāwnoppeeg
I don't know yet.	Még nem tudom.	mayg næm toodawm
I'm here on holiday.	A szabadságomat töltöm itt.	o sobbodshaagawmot turlturm eet
I'm here on business.	Üzleti úton vagyok itt.	ewzlætee ōōtawn vodᵛawk eet
I'm just passing through.	Csak átutazóban vagyok.	chok aatootozzāwbon vodᵛawk

If things become difficult:

I'm sorry, I don't understand.	Sajnálom, de nem értem.	shoynaalawm dæ næm ayrtæm
Does anyone here speak English?	Beszél itt valaki angolul?	bæsayl eet vollokee ongawlool

> **VÁM**
> CUSTOMS

CAR, see page 75

Customs *Vám*

After collecting your baggage at the airport (*repülőtér—*
ræpewl**ū**rtayr) you have a choice: follow the green arrow
if you have nothing to declare. Or leave via a doorway
marked with a red arrow if you have items to declare.

The chart below shows what you can bring in duty-free.

Cigarettes	Cigars	Tobacco	Spirits	Wine
250 or	50 or	250 g.	1 l. and	2 l.

I have nothing to declare.	Nincs semmi elvá-molni valóm.	neench **shæm**-mee **æ**lvaa-mawlnee **v**ollawm
I have ...	Van ...	von
a carton of cigarettes	egy karton cigarettám	æd^y **k**ortawn **tsee**gorræt-taam
a bottle of whisky	egy üveg whiskym	æd^y **e**wvæg **vee**skeem
It's for my personal use.	Ez személyes holmim.	æz **s**æmay^yæsh **h**awlmeem
It's a gift.	Ez ajándék.	æz **o**yaandayk
It's not new.	Ez nem új.	æz næm ōō^y

Kérem az útlevelét.	Your passport, please.
Van valami elvámolni valója?	Do you have anything to declare?
Kérem, nyissa ki ezt a táskát.	Please open this bag.
Ezért vámot kell fizetnie.	You'll have to pay duty on this.
Van még egyéb csomagja is?	Do you have any more luggage?

Baggage—Porter   *Csomag – Hordár*

These days porters are only available at the airport, very rarely at railway stations. Where no porters are available you'll find luggage trolleys for the use of the passengers. You can also ask the taxi driver to help you.

Porter!	**Hordár!**	hawrdaar
Please take this ...	**Kérem vigye ezt ...**	kayræm veed^yæ æst
luggage	**a csomagot**	o chawmoggawt
suitcase	**a bőröndöt**	o būrrurndurt
(travelling) bag	**a táskát**	o taashkaat
That one is mine.	**Az az enyém.**	oz oz æn^yaym
Take this luggage ...	**Vigye ezt a csomagot ...**	veed^yæ æst o chawmoggawt
to the bus	**a buszhoz**	o boos-hawz
to the luggage lockers	**a poggyászmegőrzőbe**	o pawd^y-d^yaasmægūrr-zurbæ
to the taxi	**a taxihoz**	o toxeehawz
How much is that?	**Mennyivel tartozom?**	mæn^yeevæl tortawzawm
There's one piece missing.	**Egy csomag hiányzik.**	æd^y chawmog heeaan^yzeek
Where are the luggage trolleys (carts)?	**Hol vannak a poggyász kézikocsik?**	hawl von-nok o pod^y-d^yaas kayzeekawcheek

Changing money   *Pénzváltás*

Where can I change money?	**Hol válthatok be valutát?**	hawl vaalthottawk bæ vollootaat
Can you change these traveller's cheques (checks)?	**Be tudja váltani ezeket a traveller's csekkeket?**	bæ toodyo vaaltonnee æzækæt o trævæl-lærs chækækæt
I'd like to change some dollars/pounds.	**Dollárt/Angol fontot szeretnék beváltani.**	dawl-laart/ongawl fawntawt særætnayk bævaaltonnee
Can you change this into forints?	**Átváltaná ezt forintra?**	aatvaaltonnaa æst fawreentro
What's the exchange rate?	**Mennyi az átváltási árfolyam?**	mæn^yee oz aatvaaltaashee aarfawyom

BANK—CURRENCY, see page 129

Where is ...?   *Hol van ...?*

Where is the ...?	**Hol van ...?**	hawl von
booking office	**a jegyiroda**	o yæd^yeerawdo
newsstand	**az újságos**	oz oo^yshaagawsh
post office	**a posta**	o pawshto
railway station	**a pályaudvar**	o paa^yo-oodvor
restaurant	**az étterem**	oz ayt-tæræm
tourist office	**az utazási iroda**	oz ootozzaashee eerawdo
underground (subway)	**a metró**	o mætr$\overline{aw}$

How do I get to ...?	**Hogy jutok el ...?**	hawd^y yootawk æl
Is there a bus into town?	**Van autóbuszjárat a városba?**	von o-ootawboosyaarot o vaarawshbo
Where can I get a taxi?	**Hol kapok taxit?**	hawl koppawk toxeet
Where can I hire (rent) a car?	**Hol lehet autót bérelni?**	hawl læhæt o-oot$\overline{aw}$t bayrælnee

Hotel reservation   *Szállodai szobafoglalás*

Do you have a hotel guide (directory)?	**Van szállodajegy-zékük?**	von saal-lawdoyæd^y-zaykewk
Could you reserve a room for me?	**Foglalna kérem egy szobát a részemre?**	fawglolno kayræm æd^y sawbaat o raysæmræ
in the centre	**a központban**	o kurzpawntbon
near the railway station	**az állomáshoz közel**	oz aal-lawmaashhawz kurzæl
a single room	**egy egyágyas szobát**	æd^y æd^yaad^yosh sawbaat
a double room	**egy kétágyas szobát**	æd^y kaytaad^yosh sawbaat
not too expensive	**nem túl drágát**	næm t$\overline{oo}$l draagaat
Where is the hotel/ guesthouse?	**Hol van a szálloda/ panzió?**	hawl von o saal-lawdo/ ponzeea$\overline{aw}$
Do you have a street map?	**Van térképe?**	von tayrkaypæ

HOTEL/ACCOMMODATION, see page 22

Care hire (rental) *Autókölcsönzés*

Car hire firms have offices at Budapest international airport
and major railway stations. You can also hire a vehicle
through a tourist office or your hotel. You must be at least 21
and have held a full driving licence for more than one year.

I'd like to hire (rent) a car.	Szeretnék bérelni egy autót.	sæærætnayk bayrælnee æd^y o-ootawt
small	kicsit	keecheet
medium-sized	közepeset	kurzæpæshæt
large	nagyot	nod^yawt
automatic	automatát	o-ootawmottaat
I'd like it for ...	... szeretném.	... sæærætnaym
a day/4 days	Egy napra/Négy napra	æd^y nopro/nayd^y nopro
a week/2 weeks	Egy hétre/Két hétre	æd^y haytræ/kayt haytræ
Are there any week-end arrangements?	Van hétvégi kedvez-ményük?	von haytvayghee kædvæz-mayn^yewk
Do you have any special rates?	Van valamilyen ked-vezmény?	von vollomee^yæn kæd-væzmayn^y
What's the charge per day/week?	Mennyi a bérleti díj egy napra/egy hétre?	mæn^yee o bayrlætee dee^y æd^y nopro/æd^y haytræ
Is mileage included?	Ebben benne van a kilométer járulék is?	æb-bæn bæn-næ von o kee-lawmaytær yaaroolayk eesh
What's the charge per kilometre*?	Mennyi a járulék kilométerenként?	mæn^yee o yaaroolayk keelawmaytæræænkaynt
I'd like to leave the car in ...	...-ban/-ben szeret-ném hagyni a kocsit.	...-bon/-bæn sææræt-naym hod^ynee o kawcheet
I'd like full insurance.	Teljeskörű biztosítást kérek.	tælyæshkurrew beeztaw-sheetaasht kayræk
What's the deposit?	Mennyi a garanciális letét?	mæn^yee o gorrontseeaaleesh lætayt
I have a credit card.	Van hitelkártyám.	von heetælkaart^yaam
Here's my driving licence.	Tessék a jogosít-ványom.	tæsh-shayk o yawgawsheet-vaan^yawm
Here are my car registration papers.	Tessék a gépkocsim okmányai.	tæsh-shayk o gaypkaw-cheem awkmaan^yoee

---

*1 kilometre = 0.62 miles

CAR, see page 75

Taxi *Taxi*

Metered vehicles both state-owned and private are available in Budapest and all larger towns. When they are free, the rooftop **Taxi** sign is lit. It's advisable to state your destination before entering the cab, as a driver may refuse trips which are too long or out of the way.

It's customary to give a tip in addition to the amount shown on the meter.

Where can I get a taxi?	**Hol kapok taxit?**	hawl koppawk toxeet
Where is the taxi rank (stand)?	**Hol a taxi állomás?**	hawl o toxee aal-lawmaash
Could you get me a taxi?	**Hívna nekem egy taxit?**	heevno nækæm æd^y toxeet
What's the fare to ...?	**Mennyi a viteldíj ...-ig?**	mæn^yee o veetældee^y ...-eeg
How far is it too ...?	**Milyen messze van ...?**	mee^yæn mæs-sæ von
Take me to ...	**Kérem vigyen el ...**	kayræm veed^yæn æl
this address	**erre a címre**	ær-ræ o tseemræ
the airport	**a repülőtérre**	o ræpewlūrtayr-ræ
the town centre	**a városközpontba**	o vaarawshkurzpawntbo
the ... Hotel	**a ... szállóba**	o ... saal-lawbo
the railway station	**a vasútállomásra**	o voshōōtaal-lawmaashro
I'm in a hurry.	**Sietek.**	sheeætæk
Turn ... at the next corner.	**Forduljon ... a következő sarkon.**	fawrdoolyawn ... o kurvætkæzūr shorkawn
left/right	**balra/jobbra**	bolro/yawbro
Go straight ahead.	**Egyenesen tovább.**	æd^yænæshæn tawvaab
Could you drive more slowly?	**Kérem, vezessen lassabban.**	kayræm væzæsh-shæn losh-shob-bon
Please stop here.	**Kérem, itt álljon meg.**	kayræm eet aalyawn mæg
Could you help me carry my luggage?	**Kérem, segítene vinni a csomagomat?**	kayræm shægheetænæ veen-nee o chawmoggawmot
Could you wait for me?	**Kérem, várjon meg.**	kayræm vaaryawn mæg
I'll be back in 10 minutes.	**10 perc múlva itt vagyok.**	10 pærts mōōlvo eet vod^yawk

Hotel—Other accommodation

Hotel rooms are often in short supply, both in the capital and in popular tourist areas such as around Lake Balaton. The busiest periods are the summer season and any time when trade fairs, exhibitions or major international conferences are being held, particularly in Budapest. Travel agencies in your own country will probably be able to give you the precise dates of such events. Otherwise you could write to one of the foreign agencies of *Ibusz*, the Hungarian national tourist organization.

Szálloda
(saal-lawdo)

Both large and small hotels go under this name (though the foreign word "hotel" is also used quite widely). They are graded by stars, from 5-star de-luxe establishments to 1-star budget hotels.

Hotels are clean and standards of service acceptable, depending on the category of hotel. Most 3-, 4- and 5-star hotels offer shopping arcades, tourist and airline offices and a variety of sightseeing programs.

Fizetővendég-szolgálat
(feezætūrvæn-daygsawlgaalot)

This is the term for private accommodation, a service operated by most travel agencies. In Budapest, rates overlap with those of modest hotels, but in the countryside they are usually very reasonable. You may have the choice of room only or with breakfast included. Bathroom facilities, generally shared, are available.

Along major roads and in holiday centres you will also see numerous signs for private accommodation reading *Szoba kiadó* or, in German, *Fremdenzimmer*. Both are the equivalent of the English "Bed and Breakfast". Feel free to knock on the door yourself, phrase book in hand—there's no need to go through an agency for this type of accommodation.

Panzió
(ponzeeāw)

This is a term for homely accommodation with catering facilities for individuals or small groups.

Ifjúsági szállás
(eefyōōshaaghee saalaash)

Youth hostel, contact the *Express* office.

Checking in – Reception   *Recepció*

My name is ...	... **vagyok.**	... vod^yawk
I have a reservation.	**Előre foglaltam szobát.**	ælūrræ fawgloltom sawbaat
We've reserved 2 rooms.	**Két szobát foglaltunk.**	kayt sawbaat fawgloltoonk
Here's the confirmation.	**Itt a visszaigazolásunk.**	eet o vees-soeegozzawlaashoonk
Do you have any vacancies?	**Van szabad szobájuk?**	von sobbod sawbaayook
I'd like a ...	**Szeretnék egy ...**	særætnayk æd^y
single room	**egyágyas szobát**	æd^yaad^yosh sawbaat
double room	**kétágyas szobát**	kaytaad^yosh sawbaat
We'd like a room ...	**Szeretnénk egy szobát ...**	særætnaynk æd^y sawbaat
with twin beds	**ikerággyal**	eekæraad^y-d^yol
with a double bed	**franciaággyal**	frontseeo-aad^y-d^yol
with a view	**szép kilátással**	sayp keelaataash-shol
at the front	**az utcai oldalon**	oz oottsoee awldollawn
at the back	**az udvari oldalon**	oz oodvorree awldollawn
We'd like a room ...	**Szeretnénk ... szobát.**	særætnaynk ... sawbaat
with a bath	**egy fürdőszobás**	æd^y fewrdūrsawbaash
with a shower	**egy zuhanyozós**	æd^y zoohon^yawzāwsh
with a balcony	**egy erkélyes**	æd^y ærkay^yesh
It must be quiet.	**Egy csendes szobát.**	æd^y chændæsh sawbaat
Is there ...?	**Van ...?**	von
air conditioning	**légkondicionálás**	laygkawndeetseeawnaalaash
a conference room	**konferencia terem**	kawnfæræntseeo tæræm
a laundry service	**mosoda**	mawshawdo
a private toilet	**külön W.C.**	kewlurn vaytsay
a radio/television in the room	**rádió/TV a szobában**	raadeeāw/tayvay o sawbaabon
a swimming pool	**uszoda**	oosawdo
hot water	**meleg víz**	mælæg vēez
room service	**felszolgálás a szobában**	fælsawlgaalaash o sawbaabon
running water	**folyó víz**	faw^yāw vēez

CHECKING OUT, see page 31

| Could you put an extra bed/ a cot in the room? | Be tudnának tenni egy pótágyat/ gyerekágyat a szobába? | bæ **toodnaanok tæn-nee** æd**Y pāwtaad**Yot/ d**Yæræ**kaad**Y**ot o **saw**baabo |

How much? *Mennyi?*

How much does it cost ...?	Mennyibe kerül ...?	mæn**Y**eebæ **kæ**rewl
per night	egy éjszakára	æd**Y ay**Yssokkaaro
per week	egy hétre	æd**Y hay**træ
for bed and breakfast	egy szoba reggelivel	æd**Y sawbo ræg-gæ**leevæl
excluding meals	étkezés nélkül	aytkæzaysh **nayl**kewl
for full board (A.P.)	teljes ellátással	tæ**Y**æsh æl-laataash-shol
for half board (M.A.P.)	napi két étkezéssel	**noppee** kayt aytkæzaysh-shæl
Does that include ...?	Ez magában foglalja ...?	æz **mog**gaabon **fawg**lolyo
breakfast	a reggelit	o **ræg-gæ**leet
service	a kiszolgálást	o **kee**sawlgaalaasht
Is there any reduction for children?	Van kedvezmény gyerekek részére?	von **kæd**væzmayn**Y** d**Y**æræækæk **ray**sayræ
Do you charge for the baby?	A kisbabáért is fizetünk?	o **keesh**bobbaa-ayrt eesh **fee**zætewnk
That's too expensive.	Túl drága.	tōōl **draa**go
Do you have anything cheaper?	Volna olcsóbb szobájuk?	**vaw**lno **awl**chāwb **saw**baayook

How long? *Mennyi ideig?*

We'll be staying ...	... maradunk.	... **mor**roddoonk
overnight only	Csak egy éjszakára	chok æd**Y ay**Yssokkaaro
a few days	Néhány napig	**nay**haan**Y noppee**g
a week (at least)	Egy hétig (legalább)	æd**Y hay**teeg (**læg**ollaab)
I don't know yet.	Még nem tudom.	mayg næm **too**dawm

NUMBERS, see page 147

Choosing a room *Szobaválasztás*

May I see the room?	**Láthatnám a szobát?**	laathotnaam o sawbaat
That's fine. I'll take it.	**Ez jó lesz. Kiveszem.**	æz yāw læs. keevæsæm
No. I don't like it.	**Ez nem tetszik.**	æz næm tætseek
It's too ...	**Túl ...**	tōōl
cold/hot	**hideg/meleg**	heedæg/mælæg
dark/small	**sötét/kicsi**	shurtayt/keechee
noisy	**zajos**	zoyawsh
I asked for a room with a bath.	**Fürdőszobás szobát kértem.**	fewrdūrsawbaash sawbaat kayrtæm
Do you have anything ...?	**Volna valami ...?**	vawlno vollommee
better	**jobb**	yawb
bigger	**nagyobb**	nodʸawb
cheaper	**olcsóbb**	awlchāwb
quieter	**csendesebb**	chændæshæb
Do you have a room with a better view?	**Van jobb kilátású szoba?**	von yawb keelaataashōō sawbo

Registration *Bejelentkezés*

Upon arrival at a hotel or guesthouse you'll be asked to fill in a registration form (*bejelentőlap* – **bæyælæntūrlop**).

Név/Keresztnév	Name/First name
Lakcím (város/utca/házszám)	Address (Home town/Street/Number)
Nemzetiség/Foglalkozás	Nationality/Occupation
Születés helye/ideje	Date/Place of birth
Útlevélszám	Passport number
Keltezés (helye/ideje)	Place/Date
Aláírás	Signature

| What does this mean? | **Ez mit jelent?** | æz meet yælænt |

Az útlevelét legyen szíves.	May I see your passport, please?
Legyen szíves kitölteni ezt a bejelentőlapot.	Would you mind filling in this registration form?
Kérem itt írja alá.	Please sign here.
Mennyi ideig marad?	How long will you be staying?

What's my room number?	**Mi a szoba számom?**	mee o sawbo saamawm
Will you have our luggage sent up?	**Felküldené a csomagjainkat?**	fælkewldænay o chawmogyoeenkot
Where can I leave my car?	**Hol hagyhatom a kocsimat?**	hawl hodᵛhottawm o kawcheemot
Does the hotel have a car park?	**Van a szállodának parkolója?**	von o saal-lawdaanok porkawlāwyo
I'd like to leave this in the hotel safe.	**Ezt a széfjükben szeretném hagyni.**	æst o sayfyewkbæn særætnaym hodᵛnee

Hotel staff   *Szálloda személyzet*

hall porter	**portás**	pawrtaash
maid	**szobalány**	sawbollaanᵛ
manager	**szálloda igazgató**	saal-lawdo eegozgottāw
page (bell boy)	**londiner**	lawndeenær
porter	**hordár/boy**	hawrdaar/"boy"
receptionist	**recepciós**	rætsæptseeāwsh
switchboard operator	**telefonközpontos**	tælæfawnkurzpawntawsh
waiter	**pincér**	peentsayr
waitress	**pincérnő**	peentsayrnūr

If you want to address members of the staff, you don't use the actual names shown above, but a general introductory phrase:

| Excuse me ... | **Elnézést .../ Legyen szíves ...** | ælnayzaysht/lædᵛæn seevæsh |

General requirements *Különböző kívánságok*

The key to room ..., please.	A ...-os szobakulcsot kérem.	o ...-awsh sawbokkoolchawt **kayræm**
Could you wake me at ... please?	Kérem ébresszen fel ...-kor.	**kayræm** aybræs-sæn fæl ...-kawr
When is breakfast/lunch/dinner served?	Mikor szolgálják fel a reggelit/ebédet/vacsorát?	**meekawr sawl**gaalyaak fæl o ræg-gæleet/æbaydæt/vochawraat
May we have breakfast in our room, please?	Reggelizhetnénk a szobában?	ræg-gæleezhætnaynk o **sawbaabon**
Is there a bath on this floor?	Van fürdőszoba ezen az emeleten?	von **fewrdū**rsawbo æzæn oz æmælætæn
What's the voltage?	Mennyi a feszültség?	**mæn**Yee o fæsewltshayg
Where's the shaver socket (outlet)?	Hol van a borotva konnektor?	hawl von o **baw**rawtvo **kawn**-næktawr
Can you find me a ...?	Tudnának biztosítani egy ...?	**tood**naanok beeztawshēētonee ædY
babysitter	babysittert	**bay**beeseet-tært
secretary	titkárnőt	**teet**kaarnūrt
typewriter	írógépet	**eer**awgaypæt
May I have a/an/some ...?	Kaphatnék ...?	**kop**hotnayk
bath towel	egy fürdő törülközőt	ædY **fewr**dūr turrewlkurzūrt
(extra) blanket	(még) egy takarót	(mayg) ædY **tok**korrāwt
envelopes	néhány borítékot	nayhaanY **baw**rēētaykawt
(more) hangers	(még) akasztókat	**ok**kostāwkot
hot-water bottle	ágymelegítőt	aadYmælæghēētūrt
ice cubes	jégkockákat	**yayg**kotskaakot
needle and thread	tűt, cérnát	tēwt **tsay**rnaat
(extra) pillow	(még) egy párnát	(mayg) ædY **paar**naat
reading lamp	egy olvasólámpát	ædY **awl**voshāwlaampaat
soap	szappant	**sop**-pont
writing paper	levélpapírt	**læ**vaylpoppeert
Where's the ...?	Hol van ...?	hawl von
bathroom	a fürdőszoba	o **fewr**dūrsawbo
dining-room	az ebédlő	oz **æ**baydlūr
emergency exit	a vészkijárat	o **vays**keeyaarot
hairdresser's	a fodrász	o **faw**draas
lift (elevator)	a lift	o **leeft**
Where are the toilets?	Hol van a W.C.?	hawl von o **vayt**say

BREAKFAST, see page 39/TELLING THE TIME, see page 153

Telephone – Post (mail)   *Telefon – Posta*

Can you get me London 123-45-67?	**Fel tudná nekem hívni a London 123-45-67-es számot?**	fæl toodnaa nækæm hēēvnee o lawndawn 123-45-67-æsh saamawt
Do you have any stamps?	**Bélyegük van?**	bay^yæghewk von
Would you post this for me, please?	**Legyen szíves ezt feladni nekem.**	læd^yæn sēēvæsh æst fælodnee nækæm
Are there any letters for me?	**Van postám?**	von pawshtaam
Are there any messages for me?	**Van valami üzenet a számomra?**	von vollommee ewzænæt o saamawmro
How much is my telephone bill?	**Mennyi a telefon-számlám?**	mæn^yee o tælæfawn-saamlaam

Difficulties   *Nehézségek*

The ... doesn't work.	**Nem működik ...**	næm mēēkurdeek
air conditioning	**a légkondicionáló**	o laygkawndeetseeawnaa-lāw
fan	**a ventillátor**	o vænteel-laatawr
heating	**a fűtés**	o fēwtaysh
light	**a világítás**	o veelaagēētaash
radio	**a rádió**	o raadeeāw
television	**a televízió**	o tælævēēzeeāw
The tap (faucet) is dripping.	**Csöpög a csap.**	churpurg o chop
There's no hot water.	**Nincs meleg víz.**	neench mælæg vēēz
The washbasin is blocked.	**El van dugulva a mosdó.**	æl von doogoolvo o mawshdāw
The window is jammed.	**Be van szorulva az ablak.**	bæ von sawroolvo oz oblok
The curtains are stuck.	**A függöny megakadt.**	o fewg-gurn^y mægokkodt
The bulb is burned out.	**Kiégett a villany-körte.**	keeaygæt o veel-lon^y-kurrtæ
My bed hasn't been made up.	**Nem ágyaztak be.**	næm aad^yoztok bæ

POST OFFICE AND TELEPHONE, see page 132

Szálloda

The ... is broken.	Elromlott ...	ælrawmlawt
blind	a roló	o rawlāw
lamp	a lámpa	o laampo
plug	a dugó	o doogāw
shutter	a zsalu	o zholloo
switch	a kapcsoló	o kopchawlāw
Can you get it repaired?	Meg tudná javíttatni?	mæg toodnaa yovvēētotnee

Laundry – Dry cleaner's   *Mosoda/Patyolat – Tisztító*

I'd like these clothes ...	Ezeket a ruhákat szeretném ...	æzækæt o roohaakot særætnaym
cleaned	kitisztíttatni	keeteestēēt-totnee
ironed	kivasaltatni	keevosholtotnee
washed	kimosatni	keemawshotnee
When will they be ready?	Mikorra lesznek kész?	meekawr-ro læsnæk kays
I need them ...	... szükségem van rájuk.	... sewkshaygæm von raayook
today	Ma	mo
tonight	Ma este	mo æshtæ
tomorrow	Holnap	hawlnop
before Friday	Péntek előtt	payntæk ælūrt
Can you mend this?	Megjavítaná?	mægyovveetonnaa
Can you patch this?	Megfoltozná?	mægfawltawznaa
Can you stitch this?	Megvarrná?	mægvornaa
Can you sew on this button?	Felvarrná ezt a gombot?	fælvornaa æst o gawmbawt
Can you get this stain out?	Ki tudná venni ezt a foltot?	kee toodnaa væn-nee æst o fawltawt
Is my laundry ready?	Készen van a mosni-valóm?	kaysæn von o mawshnee-vollawm
This isn't mine.	Ez nem az enyém.	æz næm oz ænʸaym
There's something missing.	Valami hiányzik.	vollommee heeaanʸzeek
There's a hole in this.	Ez lyukas.	æz yookosh

Hairdresser – Barber   *Fodrász – Borbély*

Is there a hairdresser/beauty salon in the hotel?	**Van fodrász/ kozmetikai szalon a szállóban?**	von **fawdraas**/ **kawzmæteekoee** sollawn o saal-lāwbon
Can I make an appointment for Thursday?	**Csütörtökön mikor jöhetnék?**	chewturrturkurn meekawr yurhætnayk
I'd like a cut and blow dry.	**Hajvágást és beszárítást kérek.**	hoyvaagaasht aysh bæsaarēētaasht kayræk
I'd like a/an ..., please.	**... kérek.**	... kayræk
bleach	**szőkítést**	sūrkēētaysht
blow-dry	**beszárítást**	bæsaarēētaasht
colour rinse	**bemosást**	bæmawshaasht
dye	**festést**	fæshtaysht
face pack	**arcpakolást**	ortspokkawlaasht
hair gel	**hajzselét**	hoyzhælayt
manicure	**manikűrt**	monneekēwrt
permanent wave	**tartós hullámot**	tortāwsh hool-laamawt
setting lotion	**fixatőrt**	feexottūrrt
shampoo and set	**mosást és berakást**	mawshaasht aysh bærokkaasht
with a fringe (bangs)	**frufruval**	froofroovol
I'd like a shampoo for ... hair.	**Sampont szeretnék ... hajra.**	shompawnt særætnayk ... hoyro
normal/dry/ greasy (oily)	**normál/száraz/ zsíros**	nawrmaal/saaroz/ zhēērawsh
Do you have a colour chart?	**Van színtáblájuk?**	von sēēntaablaayook
Don't cut it too short.	**Ne vágja túl rövidre.**	næ vaagyo tōōl rurveedræ
A little more off the ...	**Vágjon egy kicsit többet ...**	vaagyawn æd^y keecheet turb-bæt
back	**hátul**	haatool
neck	**a nyaknál**	o n^yoknaal
sides	**oldalt**	awldolt
top	**a tetején**	o tætæyayn
I don't want any hairspray.	**Nem kérek hajlakkot.**	næm kayræk hoylok-kawt

DAYS OF THE WEEK, see page 151

I'd like a shave.	**Borotválást kérek.**	bawrawtvaalaasht **kayræk**
Would you trim my ..., please?	**Kiigazítaná a ...?**	kee-eegozzēētonnaa o
beard	**szakállamat**	sokkaal-lommot
moustache	**bajuszomat**	boyoosawmot
sideboards (sideburns)	**pajeszomat**	poyæsawmot

Checking out *Távozás*

May I have my bill, please?	**Kérem a számlámat.**	kayræm o saamlaamot
I'm leaving early in the morning.	**Holnap korán elmegyek.**	hawlnop kawraan ælmæd^yæk
Please have my bill ready.	**Kérem készítsék el a számlámat.**	kayræm kaysēētshayk æl o saamlaamot
We'll be checking out around noon.	**Dél körül utazunk el.**	dayl kurrewl ootozzoonk æl
I must leave at once.	**Azonnal indulnom kell.**	ozzawn-nol eendoolnawm kæl
Is everything included?	**Ebben minden benne van?**	æb-bæn meendæn bæn-næ von
Can I pay by credit card?	**Hitelkártyával fizethetek?**	heetælkaart^yaavol feezæthætæk
I think there's a mistake in the bill.	**Azt hiszem, hibásan állította össze a számlámat.**	ost heesæm heebaashon aal-leetawto urs-sæ o saamlaamot
Can you get us a taxi?	**Tudna hívni egy taxit?**	toodno hēēvnee æd^y toxeet
Could you have our luggage brought down?	**Lehozatná a csomagjainkat?**	læhawzotnaa o chawmogyoeenkot
Here's the forwarding address.	**Itt a következő címem.**	eet o kurvætkæzūr tseemæm
You have my home address.	**Önnek megvan az otthoni címem.**	urn-næk mægvon oz awthawnee tsēēmæm
It's been a very enjoyable stay.	**Nagyon jól éreztük magunkat.**	nod^yawn yāwl ayræztewk moggoonkot

TIPPING, see inside back-cover

Camping *Kemping*

Camping facilities are available at more than 200 sites, the majority of which are clustered around Lake Balaton, South-West of Budapest. They are graded in three categories according to the amenities and services they offer. First and second-class sites have shops, restaurants, showers, toilets and electrical outlets for campers. Tents and cabins can be rented at first-class sites. Foreign visitors generally find rates very advantageous, bills can be paid in local currency.

Is there a camp site near here?	**Van a közelben kemping?**	von o **kurz**ælbæn **kæm**peeng
Can we camp here?	**Itt kempingezhetünk?**	eet kæmpeengæzhætewnk
Do you have room for a tent/caravan (trailer)?	**Van helyük egy sátor/ lakókocsi részére?**	von hæ^y ewk æd^y **shaa**tawr/ lokkāwkawchee **ray**sayræ
What's the charge...?	**Mennyibe kerül ...?**	mæn^yeebæ kærewl
per day	**naponta**	**nop**pawnto
per person	**személyenként**	sæmay^yænkaynt
for a car	**gépkocsinként**	gaypkawcheenkaynt
for a tent	**sátranként**	**shaa**tronkaynt
for a caravan (trailer)	**lakókocsinként**	lokkāwkawcheenkaynt
Is tourist tax included?	**A területhasználati díj is benne van?**	o tærewlæthosnaalottee dēē^y eesh bæn-næ von
Is there/ Are there (a) ...?	**Van ...?**	von
cooking facilities	**főzesre lehetőség**	fūrzæshræ læhætūrshayg
drinking water	**ivóvíz**	eevāwvēēz
electricity	**áram**	**aa**rom
playground	**játszótér**	yaatsāwtayr
restaurant	**étterem**	**ayt-**tæræm
shopping facilities	**üzletek**	**ewz**lætæk
swimming pool	**uszoda**	**oo**sawdo
Where are the showers/toilets?	**Hol van a zuhanyozó/ W.C.?**	hawl von o zoohon^yawzāw/ **vayt**say
Where can I get butane gas?	**Hol kapok butángázt?**	hawl koppawk **boo**taangaast
Is there a youth hostel near here?	**Van a közelben ifjúsági szállás?**	von o **kurz**ælbæn eefyōōshaaghee saal-laash

CAMPING EQUIPMENT, see page 106

Eating out

There are many different types of places in which to enjoy meals and drink, from simple snackbars to luxury restaurants:

Bisztró
(beestráw)

A small restaurant, generally offering reasonably priced standard meals and drinks, including coffee and tea, at any time during opening hours. Usually frequented by people in a hurry.

Büfé/Falatozó
(bewfay/follottawzaw)

Found at railway and bus stations, in shopping centres and department stores, buffets serve hot and cold sandwiches, cakes, desserts and all kinds of drinks including coffee and tea. Some are open round the clock. Prices are reasonable.

Csárda
(chaardo)

A country inn, usually offering regional food and drink specialities in the medium price range. In the evening, gypsy bands often provide romantic music to go with the meal. Found mainly on major highways.

Cukrászda
(tsookraazdo)

A pastry shop serving sandwiches, cakes, desserts, ice cream, soft drinks, coffee, tea and alcoholic drinks.

Étterem
(ayt-tæræm)

The traditional restaurant, serving a wide range of dishes and drinks. These establishments are classified according to location, facilities and standard of service, with the category indicated on the menu (see page 40). Prices do not necessarily reflect quality of food, and the same dish may cost much more in a first-class restaurant than in a modest one. Gypsy bands often play at night. In a hotel *étterem*, price and quality depend on the category of the hotel.

Kávéház/Presszó (**kaa**vayhaaz/ præss**āw**)	Café, most places serve cakes, sandwiches and drinks.
Kifőzés (**kee**fūrzaysh)	A small, low-priced inn, often a family concern, open mainly during the tourist season. First-class country food as well as local wine and beer are served. In the Lake Balaton area some of these establishments are famous for their gourmet creations.
Önkiszolgáló (**urn**keessawlgaalāw)	A self-service snackbar-type establishment. Mostly located in town centres and near railway stations, they are inexpensive but not always too clean.
Snackbár ("snackbar")	A superior *önkiszolgáló* offering sandwiches, cakes and all kinds of drinks including espresso coffee and tea at slightly higher prices.
Vendéglő (**væn**dayglūr)	A larger restaurant, usually with rustic décor, serving moderately priced meals and all kinds of drinks. Good gypsy music is often played at night.

Mainly for drinking

Borozó (**baw**rawzāw)	A wine bar, offering a variety of wines and some snacks. Prices vary widely.
Borpince (**bawr**peentsæ)	A wine cellar, usually run by a wine-producing cooperative or farm. Exceptionally high-quality wines and light food are available at moderate prices.
Drinkbár ("drinkbar")	A bar, frequented mostly by tourists, serving mainly spirits (liquor). Prices are high.
Eszpresszó (**æs**præss-sāw)	A small coffee bar offering mainly espresso coffee but also some other non-alcoholic and alcoholic beverages at moderate prices. Light refreshments and ice-cream are also available.
Mulató (**moo**lottāw)	A modest nightclub, with a minor floor show. The accent is on expensive imported spirits. Light snacks are available.
Söröző/sörbár (**shurr**urzūr/**shurr**baar)	A beer hall, with moderate prices. Some imported beers are available but at higher prices.

Tejbár/Tejivó
(tæ^ybaar/tæ^yeevāw)

Milkbars go under either of these two names. In addition to milk and milk-based drinks, sandwiches, cakes and other snacks are available, all at very reasonable prices. Just the place for breakfast or a mid-morning snack.

Eating habits   *Étkezési szokások*

Although traditionally the Hungarian breakfast is quite substantial, most Hungarians have a cup of strong black coffee and maybe a sandwich for breakfast. Hotels provide a continental breakfast – bread and rolls, butter and jam, coffee or tea. However, in the countryside, hotels routinely add eggs, cold meats, cheese and yoghurt.

Lunch is the main meal of the day for most people. This means soup, a main course and dessert, with beer, wine or soft drinks, followed by coffee.

At dinner people usually skip the soup and may replace the meat course with a cold snack.

Before starting a meal people say *Jó étvágyat!* – the equivalent of bon appétit – to each other, and after the meal, before you leave the table it is polite to say *Egészségünkre!* – (to our health).

Apart from the three main meals, many people enjoy a midmorning snack at about 10 a.m. *(tízórai)*, as well as a little something around 4 p.m. *(uzsonna)*. On the whole, it would be best to forget about dieting while in Hungary.

Meal times   *Étkezési idő*

Breakfast (*reggeli*—**ræg**-gælee): 7–10 a.m.

Lunch (*ebéd*—**æ**bayd): noon–2 or 3 p.m.

Dinner (*vacsora*—**vo**chawro): 7–10 or 11 p.m.

Restaurants in leading hotels will often serve à-la-carte meals in your room round the clock.

BREAKFAST, see page 39

Hungarian cuisine   *Magyar konyha*

Hungarians love eating. They fill their plates to overflowing with meat and piles of potatoes, pasta, rice or dumplings. Hungarian cooking is homely and substantial, but also spicy and varied. It is a combination of diverse influences – Turkish, Italian and French (via the court of Vienna) – the succulent heritage of an eventful past. Paprika, the national spice, is not always fiery – it is available in hot and mild varieties, and although it typifies Hungarian cuisine, many dishes contain no paprika at all.

Every region has its specialities – fish delicacies from the warm-water Lake Balaton area; rustic stews, hot pots and goulash from the Great Plain, or *puszta;* plentiful game from the forests of Northern Hungary; country soups from the western towns and villages; and sophisticated dishes from the great chefs of Budapest.

☞	🖐
Mit parancsol?	What would you like?
Szabad ezt ajánlanom?	I recommend this.
Mit óhajt inni?	What would you like to drink?
Sajnos nem szolgálhatunk ... -val.	We don't have ...
Parancsol ...-t?	Would you like ...?

Hungry?   *Éhes?*

I'm hungry/I'm thirsty.	**Éhes vagyok/Szomjas vagyok.**	ayhæsh vod^yawk/ sawmyosh vod^yawk
Can you recommend a good restaurant?	**Tudna ajánlani egy jó éttermet?**	toodno oyaanlonnee æd^y yāw ayt-tærmæt
Are there any inexpensive restaurants around here?	**Vannak a környéken olcsó éttermek?**	von-nok o kurrn^yaykæn awlchāw ayt-tærmæk

If you want to be sure of getting a table in a popular restaurant, it may be better to book in advance.

I'd like to reserve a table for 4.	4 fő részére szeretnék asztalt foglalni.	nayd^y fūr raysayræ særætnayk ostolt fawglolnee
We'll come at 8.	8 órakor jövünk.	n^y awlts āwrokkawr yurvewnk
Could we have a table ...?	Lenne szabad asztaluk ...?	læn-næ sobbod ostollook
in the corner	a sarokban	o shorrawkbon
by the window	az ablaknál	oz obloknaal
outside	kint	keent
on the terrace	a teraszon	o tærossawn
Does the restaurant have a non-smoking area?	Van nemdohányzó része az étteremnek?	von næmdawhaan^yzāw raysæ oz ayt-tæræmnæk

Asking and ordering *Rendelés*

Waiter/Waitress!	Pincér/Kisasszony!	peentsayr/keeshossawn^y
I'd like something to eat/drink.	Szeretnék valamit enni/inni.	særætnayk vollommeet ænnee/eennee
May I have the menu, please?	Egy étlapot kérnék.	æd^y aytloppawt kayrnayk
Do you have a set menu/local dishes?	Van napi menüjük/ valami helyi specialitásuk?	von noppee mænewyewk/ vollommee hæyee shpætseeolleetaashook
What to you recommend?	Mit ajánlana?	meet oyaanlonno
Do you have anything ready quickly?	Van valami, ami gyorsan elkészül?	von vollommee ommee d^yawrshon ælkaysewl
I'm in a hurry.	Sietek.	sheeætæk
I'd like ...	Kérnék ...	kayrnayk
Could we have a/an ..., please?	Kaphatnánk egy ...	kophotnaank æd^y
ashtray	hamutartót	hommootortāwt
cup	csészét	chaysayt
fork	villát	veellaat
glass	poharat	pawhorrot
knife	kést	kaysht
napkin (serviette)	szalvétát	solvaytaat
plate	tányért	taan^yayrt
spoon	kanalat	konnollot
May I have some ...?	Kaphatnék ...?	kophotnayk

bread	kenyeret	kænYæræt
butter	vajat	voyot
lemon	citromot	tseetrawmawt
oil	olajat	awloyot
pepper	borsot	bawrshawt
salt	sót	shāwt
seasoning	fűszereket	fēwsæræket
sugar	cukrot	tsookrawt
vinegar	ecetet	ætsætæt

Some useful expressions for those with special requirements:

I'm on a diet.	Fogyókúrázom.	fawdYāwkōōraazawm
I'm vegetarian.	Vegetáriánus vagyok.	væghætaareeaanoosh vodYaw
I don't drink alcohol.	Nem iszom alkoholt.	næm eesawm olkawhawlt
I don't eat meat.	Nem eszem húst.	næm æssæm hōōsht
I mustn't eat food containing ...	Nem ehetek ... ételt.	næm æhætæk ... aytælt
flour/fat	lisztes/zsíros	leestæsh/zhēērawsh
salt/sugar	sós/cukros	shāwsh/tsookrawsh
Do you have ... for diabetics?	Van ... cukorbetegek részére?	von ... tsookawrbætæghæk raysayræ
cakes	sütemény	shewtæmanY
fruit juice	gyümölcslé	dYewmurlchlay
a special menu	speciális menü	shpætseeaaleesh mænew
Do you have any vegetarian dishes?	Van vegetáriánus ételük?	von væghætaareeaanoosh aytælewk
Could I have ... instead of dessert?	Kaphatnék ... édesség helyett?	kophotnayk ... aydæsh-shayg hæyæt
Can I have an artificial sweetener?	Kaphatnék szacharint?	kophotnayk sohoreent

And ...

I'd like some more.	Kérnék még ilyet.	kayrnayk mayg eeyæt
Can I have more ..., please?	Kaphatnék még ...?	kophotnayk mayg
Just a small portion.	Csak egy kisadagot.	chok ædY keeshoddoggawt
Nothing more, thanks.	Köszönöm, mást nem kérek.	kursurnurm maasht næm kayræk
Where are the toilets?	Hol van a W.C.?	hawl von o vaytsay

Breakfast *Reggeli*

The Hungarian breakfast can be a very substantial affair consisting of bread or rolls and butter, jam, salami, sausages, cheese, eggs, tomatoes and green peppers. If this is too much for you, just specify what you would like from the list below.

I'd like breakfast, please.	**Reggelizni szeretnék.**	ræg-gæleeznee særætnayk
I'll have a/an/ some ...	**Kérnék ...**	kayrnayk
boiled egg	**főtt tojást**	fūrt tawyaasht
soft/hard	**lágy/kemény**	laad^y/kæmayn^y
cereal	**müzlit**	mewzleet
eggs	**tojást**	tawyaasht
fried eggs	**tükörtojást**	tewkurrtawyaasht
scrambled eggs	**rántottát**	raantawt-taat
fruit juice	**gyümölcslevet**	d^{y}ewmurlchlævæt
grapefruit	**grapefruitlevet**	graypfrootlævæt
orange	**narancslevet**	norronchlævæt
ham and eggs	**sonkát tojással**	shawnkaat taw^{y}aash-shol
jam	**lekvárt**	lækvaart
toast	**piritóst**	peereetāwsht
yoghurt	**joghurtot**	yawghoortawt
May I have some ...?	**Kaphatnék ...?**	kophotnayk
bread	**kenyeret**	kæn^{y}æræt
butter	**vajat**	voyot
(hot) chocolate	**kakaót**	kokkoāwt
coffee	**kávét**	kaavayt
with whipped cream	**tejszínhabbal**	tæysēēnhobbol
with milk	**tejjel**	tæ^y-yæl
honey	**mézet**	mayzæt
milk	**tejet**	tæyæt
cold/hot	**hidegen/melegen**	heedægæn/mælægæn
pepper	**borsot**	bawrshawt
rolls	**zsemlét**	zhæmlayt
salt	**sót**	shāwt
tea	**teát**	tææat
with milk	**tejjel**	tæyyæl
with lemon	**citrommal**	tseetrawm-mol
(hot)water	**(forró)vizet**	(fawr-raw) veezæt

What's on the menu? *Mi van az étlapon?*

Besides ordering à la carte, you can order a fixed-price menu *(napi menü)* at low to moderate prices. Some top restaurants also offer special dishes for those on certain diets as well as smaller portions for children. It is customary to tip the waiter about 10 per cent of the bill, depending on quality of service.

Under the headings below you'll find alphabetical lists of dishes that might be offered on a Hungarian menu with their English equivalent. You can simply show the book to the waiter. Should you want some soup, for example, show him the corresponding list and let him point to what's available. Use pages 37 and 38 for ordering in general.

Reading the menu *Olvassuk az étlapot*

I. osztályú étterem	First-class restaurant
II. osztályú étterem	Second-class restaurant
III. osztályú étterem	Third-class restaurant
Osztályon felüli étterem	Top-class restaurant
Az árak köret nélkül értendők.	Prices do not include garnishes.
Az ételeket körettel szolgáljuk fel.	Meals are served with garnishes.
Az X-el jelölt ételek elfogytak.	Meals marked with X are no longer available.
... Ft. kötelező fogyasztás.	Minimum order: ... forints.
frissen sültek	made to order
készételek	ready-made meal
zónaadag/kisadag	small portion

borok	bawrawk	wine
desszertek	dæsærtæk	desserts
édességek	aydæsh-shaygæk	desserts
előételek	ælūraytælæk	appetizers
gyümölcsök	dʸewmurlchurk	fruit
halételek	hollaytælæk	fish
hidegtálak	heedægtaalok	cold meals
húsételek	hōōshaytælæk	meat
italok	eetollawk	drinks
köretek	kurrætæk	garnishes
levesek	lævæshæk	soups
sajtok	shoytawk	cheese
saláták	shollaataak	salads
sütemények	shewtæmaynʸæk	pastries
szeszes italok	sæsæsh eetollawk	alcoholic drinks
tészták	taystaak	desserts
üdítők	ewdeetūrk	soft drinks
vadételek	voddaytælæk	game

Appetizers *Előételek*

Restaurants offer a rich choice of both international and typically Hungarian appetizers, both hot and cold. For a light meal it's quite acceptable to take a soup, then an appetizer, and skip the rest.

I'd like a ...	... kérnék.	... kayrnayk
cold appetizer	**Hideg előétel**	heedæg ælūr-aytælt
hot appetizer	**Meleg előétel**	mælæg ælūraytælt
What would you recommend?	**Mit ajánlana?**	meet oyaallonno

Cold appetizers *Hideg előételek*

bécsi heringsaláta	baychee hæreeng-shollaato	herring salad Vienna style (with vinegar)
francia saláta	frontseeo shollaato	Russian salad
jérce koktél	vayrtsæ kawktayl	chicken cocktail
kaszinó tojás	kosseenāw taw^{y}aash	eggs with mayonnaise
kaviár	kovveeaar	caviar
magyaros ízelítő	mod^{y}orawsh eezæleetūr	a choice of salami, sausages, goose liver, eggs, green pepper
majonézes kukorica	moyawnayzæsh kookawreetso	sweetcorn with mayonnaise
orosz hússaláta	awraws hōōshshollaato	Russian salad with meat
töltött tojás kaviárral	turltturt taw^{y}aash kovveeaar-rol	eggs stuffed with caviar

alföldi saláta
(olfurldee shollaato)
salad Alföldi style: slices of sausage in vinaigrette sauce

fokhagymás majonézes fejes saláta
(fawkhod^{y}maash moyawnayzæsh fæyæsh shollaato)
lettuce salad with garlic flavoured mayonnaise

**gombafejek
májkrémmel töltve**
(gawmboffæ^yæk
maa^ykraymmæl turltvæ)

mushrooms stuffed with liver paté

**halsaláta szegedi
módra**
(holshollaato sægædee
mawdro)

fish salad Szeged style: fish pieces, diced
peppers, tomatoes and chives turned in oil
and accompanied by lettuce and hard-boiled
eggs

**hideg fogas
tartármártással**
(heedæg fawgosh
tortaarmaartaash-shol)

kind of pike-perch with tartar sauce (may-
onnaise with gherkins, chives, capers and
olives)

**paprika szeletek
körözöttel töltve**
(popreeko sælætæk
kurrurzurt-tæl turltvæ)

green peppers sliced in four, filled with a mix
of ewe's cheese, butter, mustard, paprika,
caraway seeds and some beer

tormás sonkatekercs
(tawrmaash shawn-
kotækærch)

slices of ham filled with horse-raddish

Hot appetizers *Meleg előételek*

libamáj rizottó	leebommaay reezawt-taw	goose-liver risotto
rántott gombafejek tartármártással	raantawt gawmboffæyæk tortaarmaartaash-shol	fried mushrooms with tartar sauce
rántott sajt	raantawt shoyt	fried cheese
rántott zöldbab	raantawt zurldbob	fried string beans

**hortobágyi húsos
palacsinta**
(hawrtawbaad^yee
hooshawsh
pollocheento)

stuffed pancakes Hortobágy style: filled with
veal or pork meat and sour cream, then
briefly gratinated

libamáj pástétom
(leebommaay
paashtaytawm)

goose-liver paté mixed with butter and
béchamel (white)sauce, spices and brandy,
served in a flaky pastry shell

**omlett debreceni
módra**
(awmlæt dæbrætsænee
mawdro)

omelet Debrecen style: filled with *lecsó*
(a mix of sliced green peppers, tomatoes,
rice and spices) and dry sausage slices

From the baker's *Kenyér, pékáru*

"The Hungarians will even eat bread with bread" goes an old saying – which may give you an idea of the wide range of bakery products you can look forward to in this country.

kalács (kollaach)	fluffy white milk-bread, available also as rolls called *puffancs* (**poof**fonch)
lekváros bukta (lækvaarawsh bookto)	sweet roll filled with jam
lekváros táska (lækvaarawsh taashko)	pastry filled with jam
mákos kalács (maakawsh kollaach)	poppy-seed cake
óriáskifli (āwreeaashkeeflee)	large, flaky, crescent-shaped roll
sajtos pogácsa (shoytawsh pawgaacho)	scone with cheese
tepertős pogácsa (tæpærtūrsh pawgaacho)	crispy scone, seasoned with salt and pepper, topped with crackling
túrós táska/ökörszem (tōōrāwsh taashko/urkurrsæm)	pastry filled with cottage cheese and raisins

Soups *Levesek*

Richly flavoured soups are part of the Hungarian way of life. They are generally quite thick.

I'd like some soup.	**Levest kérek.**	lævæsht kayræk
almaleves	olmollævæsh	apple soup
hideg/meleg	heedæg/mælæg	cold/hot
bajai halászlé	boyoee hollaaslay	fish and potato soup
burgonyakrémleves	boorgawnʸokraymlævæsh	cream of potato soup
csontleves	chawntlævæsh	bone consommé

erőleves húsgom-bóccal	ærūrlævæsh hōōshgawm-bāwtstsol	consommé with meat balls
gombaleves	gawmbollævæsh	mushroom soup
kalocsai halászlé	kollawcho-ee hollaaslay	fish soup in red wine
paradicsomleves	porroddeechawmlævæsh	tomato soup
savanyú tojásleves	shovvon^yōō taw^yaash lævæsh	sour egg soup
spárgakrém leves	shpaargokraym lævæsh	cream of asparagus soup
tejfeles bableves	tæ^yfælæsh boblævæsh	bean soup with sour cream
vegyes gyümölcs-leves hidegen	væd^yæsh d^yewmurlchlæ-væsh heedægæn	chilled fruit soup

Soup specialities   *Leves különlegességek*

bakonyi betyárleves (bokkawn^yee bæt^yaarlævæsh)	"outlaw soup"—soup Bakony style: a mix of chicken, beef chunks, thin noodles, mushrooms and vegetables, richly spiced
Jókai bableves (yāwko-ee boblævæsh)	bean soup Jókai style (Jókai was a famous Hungarian writer): a mix of smoked pig's knuckles, butter beans and carrots, seasoned with pepper, garlic, paprika and parsley
kunsági pandúrleves (koonshaaghee pondōōrlævæsh)	chicken or pigeon soup Kunság style: seasoned with paprika, grated nutmeg, ginger and garlic
magyaros bur-gonyaleves (mod^yorrawsh boorgawn^yollævæsh)	Hungarian potato soup: diced potatoes and onions with paprika
magyaros csirke-aprólékleves (mod^yorrawsh cheer-kæoprāwlayklævæsh)	Hungarian chicken giblet soup with mushrooms, diced potatoes, pepper rings and tomatoes
palócleves (pollāwtslævæsh)	a mix of mutton, French beans, potatoes and sour cream, seasoned with paprika, garlic and caraway seeds
szegedi halászlé (sægædee hollaaslay)	a mix of various kinds of fish (usually carp, pike and wels), tomato and pepper rings, with hot paprika seasoning
Ujházy-tyúkleves (ooyhaazee t^yōōklaevaesh)	a rich chicken soup with vegetables

Goulash Soup *Gulyásleves*

The word *gulyás* (gōōyaash) itself means herdsman, and this dish used to be the basic fare of the ancient shepherds. Goulash is a very simple dish of beef, onion, potatoes and paprika. Nowadays there are many variations on the goulash theme. The variety you are most likely to find in restaurants is a rich soup made from the tradional ingredients and mild paprika, caraway seeds, garlic, vegetables and tiny dumplings *(csipetke)*.

I'd like some goulash. **Gulyáslevest kérek.**   gooyaashlævæsht kayræk

Potatoes, rice and noodles *Burgonya, rizs, galuska*

Hungarian soups are made even more substantial by the addition of dumplings, gnocchi, *csipetke* or pasta, while meat and fish dishes are always accompanied by something stanchy: plain boiled potatoes, rice, pasta or dumplings – rather than green vegetables.

burgonya/krumpli	boorgawn^yo/kroomplee	potatoes
burgonyapüré	boorgawn^yoppewray	mashed potatoes
főtt burgonya	fūrt boorgawn^yo	boiled potatoes
hasábburgonya	hoshaabboorgawn^yo	chips (french fries)
petrezselymes	pætræzhæymæsh	fried new potatoes
újburgonya	ōōyboorgawn^yo	with parsley
róseibni	rāwshæ^ybnee	chips (french fries)
sült burgonya	shewlt boorgawn^yo	chips (french fries)
rizs	reezh	rice
rizibizi	reezeebeezee	rice mixed with green peas
tészta	taysto	pasta
daragaluska	dorroggollooshko	semolina dumplings
galuska	gollooshko	dumplings
lebbencs	læbbænch	broken pasta
májgombóc	maaygawmbāwts	liver dumplings
nokedli	nawkædlee	noodles
tarhonya	torhawn^yo	egg barley
zsemlegombóc	zhæmlægawmbawts	white-bread dumplings

Fish *Halételek*

I'd like some fish.	**Halat szeretnék.**	hollot særætnayk
What fish do you recommend?	**Milyen halat ajánl?**	mee^yæn hollott oyaanl

csuka	chooko	pike
fogas	fawgosh	a local fish of the pike-perch family
harcsa	horcho	wels
kecsege	kæchægæ	sterlet
nyelvhal	n^yælvhol	sole
pisztráng	peestraang	trout
ponty	pawnt^y	carp
tőkehal	tūrkæhol	cod
tonhal	tawnhol	tunny (tuna)

Fish specialities *Különleges halételek*

csuka tejfölben sütve (chooko tæ^yfurlbæn shewtvæ)	pike fried and served with sour cream
fogas fehérbor mártásban (fawgosh fæhayr bawrmaartaashbon)	*fogas* in a white-wine sauce
fogasszeletek Gundel módra (fawgoshsælætæk goondæl māwdro)	slices of *fogas* Gundel style (Gundel was a famous Hungarian restaurateur): breaded fillet of pike
halfatányéros (holfottaan^yayrawsh)	assorted fish, some breaded or fried, served on a wooden plate, accompanied by tartar sauce
harcsaszelet fűszermártásban (horchossælæt fēwsæmaartaashbon)	fillet of wels in a spicy sauce doused with white wine
kecsege tejszínes paprikás mártásban (kæchægæ tæ^ysēēnæsh popreekaash maartaashbon)	sterlet in a cream and paprika sauce

paprikás ponty
(**popree**kaash **pawnt**ʸ)

carp served in a paprika sauce

pisztráng tejszín mártásban
(**pees**traang tæʸssēēn **maar**taashbon)

trout baked in cream

Rác ponty
(raats pawntʸ)

carp with potatoes and sour cream dressing

Other specialities from Hungary's lakes and rivers include:

békacomb gombával és rákkal
(**bay**kotsawmb **gawm**baavol aysh **raak**-kol)

frog's legs with freshwater crab-meat and mushrooms

békacomb paprikásan
(**bay**kotsawmb **popree**kaashon)

frog's legs in a paprika sauce

rákpörkölt
(**raak**purrkurlt)

broiled crab

Sauces *Mártások*

The sauces that accompany Hungarian dishes are distinctively flavoured to enhance the pleasures of the palate. (Contrary to widespread belief, spicy-hot preparations are not typical of the national cuisine.)

almamártás	olmommaartaash	apple sauce
bakonyi gombamártás	bokkawnʸee gawmbommaartaash	mushroom sauce
ecetes torma	ætsætæsh tawrmo	horse-radish sauce
fehérhagyma mártás	fæhayrhodʸmo maartaash	onion sauce
fokhagymás mártás	fawkhodʸmaash maartash	garlic sauce
kapormártás	koppawrmaartaash	dill sauce
meggymártás	mædʸmaartaash	morello sauce
paprikás mártás	popree**kaash maar**taash	paprika sauce
tárkonyos mártás	taarkawnʸawsh maartaash	tarragon sauce
vadasmártás	voddoshmaartaash	brown sauce

Meat *Húsételek*

I'd like some ...	... kérek.	... kayræk
beef	**Marhahúst**	morhoho͞osht
lamb	**Bárányhúst**	baaraanᵞho͞osht
pork	**Sertéshúst**	shæartaysh-ho͞osht
veal	**Borjúhúst**	bawryo͞oho͞osht

borda	**bawrdo**	chop
comb	**tsawmb**	leg
fasírozott	**fosheērawzawt**	meatballs
filé	**feelay**	fillet
kolbászfélék	**kawlbaasfaylayk**	sausages
lapocka	**loppawtsko**	shoulder
máj	**maaᵞ**	liver
nyelv	**nᵞælv**	tongue
sonka	**shawnko**	ham
szalonna	**sollawn-no**	bacon

baked	**sült**	shewlt
boiled	**főtt**	fūrt
braised	**dinsztelt**	deenstælt
breaded	**rántott**	raantawt
fried	**sült**	shewlt
grilled	**roston sült**	rawshtawn shewlt
roasted	**sült**	shewlt
stewed (quickly)	**főtt**	fūrt
stewed (slowly)	**pörköltnek**	purrkurltnæk
underdone (rare)	**félig átsütve**	fayleeg aatshewtvæ
medium	**közepesen kisütve**	kurzæpæshæn keeshewtvæ
well-done	**jól megsütve**	yāwl mægshewtvæ

Veal *Borjúhús*

bécsi szelet
(baychee sælæt)

"Wiener Schnitzel", breaded veal escalope

borjúpörkölt
(bawryo͞opurrkurlt)

a stew composed of veal chunks, onions, tomatoes, pepper rings, seasoned with paprika and garlic

lecsós borjúmáj rántva
(læchāwsh bawryo͞o-maay raantvo)

breaded veal liver, garnished with a mix of pepper slices, tomatoes, rice, spiced with paprika and garlic

Beef *Marhahús*

alföldi marharos-télyos
(olfurldee morhorrawsh-tay_awsh)

steak Alföldi style: with a rich sauce and stewed vegetables

cigányrostélyos
(tseegaan_-rawshtay_awsh)

steak gypsy style: with a brown sauce and braised vegetables

csikós tokány
(cheekāwsh tawkaan_)

strips or chunks of beef braised in a mix of bacon strips or bits, onion rings and sour cream and tomato concentrate

erdélyi tokány
(ærday_ee tawkaan_)

a dish originating in Transylvania: virtually the same as *csikós tokány,* but without the sour cream

hortobágyi rostélyos
(hawrtawbaad_ee rawshtay_awsh)

steak Hortobágy style: braised in a mix of stock and bacon bits and accompanied by a large semolina dumpling

Pork *Sertéshús*

erdélyi rakott-káposzta
(ærday_ee rokkawtkaapawsto)

a Transylvanian dish consisting of layers of cabbage interspersed with rice and minced, spiced pork, covered with sour cream and baked in the oven

debreceni fatányéros
(dæbrætsænee fottaan_ayrawsh)

a Debrecen speciality, prepared only for parties of three or more, usually containing pork chops and choice fillets as well as some veal; garnished with lettuce

rablóhús nyárson
(roblāwhōōsh n_aarshawn)

alternating pieces of pork, onions, mushrooms, bacon and veal roasted and served on a skewer

tejfölös-gombás sertésborda
(tæ_furlursh gawmbaash shærtayshbawrdo)

pork chop with mushrooms and sour cream

töltött malac újfalusi módra
(turltur̩t mollots ōō_follooshee māwdro)

stuffed suckling-pig Újfalu style: with a mix of spiced minced meat, liver, egg and bread

Game and fowl   *Vadételek – Szárnyasok*

I'd like some game.	**Vadasat szeretnék.**	voddoshot særaætnayk
csirke	**cheerkæ**	chicken
fácán	**faatsaan**	pheasant
fogoly	**fawgaw^y**	partridge
galamb	**gollomb**	pigeon
kacsa	**kocho**	duck
kappan	**kop**-pon	capon
liba	**lee**bo	goose
nyúl	**n^yool**	rabbit
őz	**ūrz**	venison
pulyka	**poo^yko**	turkey
vaddisznó	**vod**-deesnāw	wild boar
vadkacsa	**vod**kocho	wild duck
vadliba	**vod**leebo	wild goose

csabai szarvascomb (**chob**boee **sor**voshtsawmb)	venison stuffed with spicy csabai sausage served in a paprika sauce
fácán gesztenyével töltött gombával (**faatsaan** gætæn^y-ayvæl **turl**turt **gawm**baavol)	pheasant with a mushroom and chestnut filling
paprikás csirke galuskával (**popreekaash cheerkæ gollooshkaavol**)	paprika chicken with gnocchi
nyúlszeletek pirított szárnyasmájjal (**n^yool**sælætæk **peerēē**tawt **saarn^yoshmaa^y**-yol)	rabbit with roasted chicken liver
pulykacomb tejfeles gombamártással (**poo^y**kotsawmb **tæ^y**fælæsh **gawm**bommaartaash-shol)	turkey cutlet in a mushroom sauce
vaddisznó borókamártással (**vod**-deesnāw **bawrāw**kommaartaash-shol)	wild boar served in a juniper sauce

Vegetables – Salads   *Főzelékek – Saláták*

Vegetables and salads are served along with the main course, but you may also order them separately.

bab	bob	beans
burgonya	boorgawnᵞo	potatoes
cékla	tsayklo	beet(root)
fehérrépa	fæhayr-raypo	turnips
gomba	gawmbo	mushrooms
hagyma	hodᵞmo	onions
káposzta	kaapawsto	cabbage
karfiol	korfeeawl	cauliflower
kelbimbó	kælbeembāw	Brussels sprouts
kelkáposzta	kælkaapawsto	savoy
kukorica	kookawreetso	sweetcorn
lencse	lænchæ	lentils
paprika	popreeko	pepper
paradicsom	porroddeechawm	tomatoes
saláta	shollaato	lettuce
sárgarépa	shaargorraypo	carrots
spárga	shpaargo	asparagus
spenót	shpænāwt	spinach
uborka	oobawrko	cucumber
vegyesfőzelék	vædᵞæshfūrzælayk	mixed vegetables
zeller	zællær	celery
zöldbab	zurldbob	French beans
zöldborsó	zurldbawrshāw	peas

Herbs and spices   *Fűszerek*

babérlevél	bobbayrlævayl	bay leaf
édeskömény	aydæshkurmaynᵞ	caraway seeds
fokhagyma	fawkhodᵞmo	garlic
kakukkfű	kokkookfēw	thyme
kapor	koppawr	dill
komló	kawmlāw	hops
majoránna	moyawraano	marjoram
paprika	popreeko	paprika
petrezselyem	pætræzhæyæm	parsley
rozmaring	rawzmorreeng	rosemary
sáfrány	shaafraanᵞ	saffron
szegfűszeg	sækfēwsæg	cloves
szegfűbors	sækfēwbawrsh	allspice
szerecsendió	særæchændeeāw	nutmeg

Fruit   *Gyümölcs*

Do you have fresh fruit? | **Van friss gyümölcsük?** | von freesh dᵞewmurlchewk

English	Hungarian	Pronunciation
Do you have fresh fruit?	**Van friss gyümölcsük?**	von freesh d^yewmurlchewk
What sort of fruit do you have?	**Milyen gyümölcsük van?**	mee^yæn d^yewmurlchewk von
I'd like a fresh-fruit salad.	**Friss gyümölcs-salátát kérek.**	freesh d^yewmurlch-shollaataat kayræk
alma	**olmo**	apple
áfonya	**aafawn^ya**	blueberries
ananász	**onnonnaas**	pineapple
banán	**bonnaan**	banana
citrom	**tseetrawm**	lemon
császárkörte	**chaassaarkurrtæ**	type of pear
cseresznye	**chæræsn^yæ**	cherries
datolya	**dottaw^yo**	dates
dió	**deeāw**	walnuts
egres	**ægræsh**	gooseberries
eper	**æpær**	strawberries
fekete cseresznye	**fækætæ chæræsn^yæ**	heart cherries
fekete ribizli	**fækætæ reebeezlee**	blackcurrants
füge	**fewgæ**	figs
gesztenye	**gæstæn^yæ**	chestnuts
görögdinnye	**gurrurgdeen^yæ**	water melon
jonatán alma	**yawnottaan olmo**	Jonathan apple
körte	**kurrtæ**	pear
málna	**maalno**	raspberries
mandarin	**mondoreen**	tangerine
mandula	**mondoolo**	almonds
meggy	**mæd^y**	sour cherries
mogyoró	**mawd^yawrāw**	hazelnuts
narancs	**norronch**	orange
őszibarack	**ūrseeborrotsk**	peach
ribizli	**reebeezlee**	redcurrants
ringló	**reenglāw**	greengage
sárgabarack	**shaargobborrotsk**	apricot
sárgadinnye	**shaargoddeen^yæ**	honeydew melon
starking alma	**shtorkeeng olmo**	starking apple
szeder	**sædær**	mulberries/blackberries
szilva	**seelvo**	plum
szőlő	**sūrlūr**	grapes

Desserts *Édességek/Tészták*

The Hungarians have a decidedly sweet tooth and much to
offer in the way of desserts.

I'd like a dessert, please.	**Egy adag desszertet kérek.**	æd^Y oddog dæsærtæt kayræk
Something light, please.	**Valami könnyűt legyen szíves.**	vollommee kurn^{Y}ewt læd^{Y}æn seevæsh
Nothing more, thank you.	**Köszönöm, többet nem kérek.**	kursurnurm turb-bæt næm kayræk
almás palacsinta	olmaash pollocheento	apple pancake
aranygaluska	orron^{Y}gollooshko	sweet dumpling
csokoládéfánk	chawkawlaadayfaank	chocolate doughnut
csúsztatott palacsinta	choostottawt pollocheento	multi-layer pancake
dobostorta	dawbawshtawrto	caramel-topped chocolate cream cake
gesztenyepüré tejszínhabbal	gæstæn^{Y}æpewray tæ^{Y}sseenhob-bol	chestnut purée with whipped cream
Gundel palacsinta	goondæl pollocheento	pancake with nut-cream and raisin filling, flambéd
kapros túrós rétes	koprawsh toorawsh raytæsh	curds strudel with dill
kapucineres felfújt	koppootseenæræsh fælfoo^{Y}t	mocha soufflé
kecskeméti barac; puding	kæchkæmaytee borrotsk- "pudding"	apricot pudding with vanilla cream
képviselőfánk	kaypveeshælürfaank	cream puff
máglyarakás	maag^{Y}orrokkaash	apple and jam pudding
mákos rétes	maakawsh raytæsh	poppy-seed strudel
mandula felfújt	mondoolo fælfoo^{Y}t	almond soufflé
rakott palacsinta	rokkawt pollocheento	multi-layer pancakes with various fillings
somlói galuska	shawmlawee gollooshko	sweet dumplings made with vanilla, nuts and chocolate, in an orange-and-rum sauce
sült derelye	shewlt dæræ^{Y}æ	fried jam turn-over
szilvás rétes	seelvaash raytæsh	plum strudel
töltött alma	turlturt olmo	apple stuffed with vanilla, raisins and cream

Ice-cream   *Fagylaltok*

Ice-cream and parfaits are often available as desserts. In addition, pastry shops and milkbars serve a variety of imaginative ice-based creations, frequently including fruit, cream or fancy cakes. As a dessert, ice-cream is sometimes served with a fresh-fruit salad. Alternatively, it may be flambéd with rum. There will generally be a choice of flavours.

Have you any ice-cream?	**Van fagylaltjuk?**	von fod^ylolt^yook
banán	bonnaan	banana
citrom	tseetrawm	lemon
csokoládé	chawkawlaaday	chocolate
dió	deeaw	walnut
eper	æpær	strawberry
kávé	kaavay	coffee
málna	maalno	raspberry
meggy	maed^y	sour cherry
mogyoró	mawd^yawraw	hazelnut
narancs	norronch	orange
pisztácia	peestaatsio	pistachio
vanília	vonneeleeo	vanilla
Could I have it flambéd?	**Kaphatok lángoló fagylaltot?**	kophottawk laangawlaw fod^yloltawt

Cheese   *Sajtok*

Though Hungary produces more than a hundred types of cheese, on the whole they range little in taste. Most are rather bland, but there are some spiced or smoked varieties. Imitation camembert, cheddar, Dutch edam and other foreign cheeses are also available in better restaurants.

Processed cheeses, conveniently packaged in tubes or the familiar individual triangular portions, may be flavoured with pepper, paprika or a variety of vegetable aromas.

I'd like some cheese.	**Sajtot szeretnék.**	shoytawt særætnayk
Do you have a cheese-board?	**Milyen sajt van?**	mee^yæn shoyt von

Wine *Bor*

Most of the wine made in Hungary is white, the most famous being Tokay (*Tokaji*). The volcanic soil of the Tokaj region, in northeast Hungary, has produced wine fit for kings since the Middle Ages. It was the favourite of Catherine the Great and Louis XIV, and was celebrated in poetry by Voltaire and song by Schubert.

Tokay wines come in three different categories: *Tokaji furmint* (dry), *Tokaji szamorodni* (medium sweet) and *Tokaji aszú* (full-bodied, very sweet). Tokay vintages are graded according to excellence on a scale of from 3 to 5 puttonyos or points. *Tokaji aszú* wines compare favourably with madeira or port; they should be drunk at the end of the meal with dessert or on their own.

Less well-known but equally satisfying white wines come from the Lake Balaton region. Look for the prefixes *Badacsonyi, Balatonfüredi* and *Csopaki*. The Roman emperors liked Balaton wines so much they had them shipped to Rome.

The town of Eger has achieved worldwide fame thanks to its Bull's Blood, *Egri bikavér*. Dramatic dark, heavy and powerful, it is one of Hungary's greatest wines.

The Sopron region, which borders Austria, produces one of Hungary's most popular wines, *Soproni kékfrankos*. It is a strong acid wine, that complements rich game stews to perfection.

Villányi burgundi, from the southernmost vineyards in Hungary, is a prized smooth red.

The Mecsek region near Pécs produces two types of dessert wine, *Rizling* and *Furmint*.

Hungarians like to add soda to their wine, it is then called a *fröccs*.

If in doubt about which wine to choose, don't hesitate to ask the waiter for advice.

Type of wine	Examples	Accompanies
sweet white wine	Balatonfüredi szemelt rizling, Csopaki olasz rizling, Akali zöldszilváni, Tokaji aszú, Debrői hárslevelű	desserts and pastry, but also thick soups
light dry white wine	Badacsonyi kéknyelű, Badacsonyi szürkebarát, Badacsonyi zöldszilváni, Egri Leányka, Tokaji furmint, Tokaji szamorodni	fish meals, liver, lighter meat dishes, goulash and other stews, steaks, cold meats, fruit
light-bodied red-wine	Vaskúti kadarka, Villányi burgundi, Villányi kadarka, Egri pinot noir	fish soups, veal, pork, lamb, ham, beef, fowl, game, cheese
full-bodied red-wine	Egri bikavér, Villányi medoc noir, Tihanyi merlot, Soproni kékfrankos	game, duck, cheese
sparkling wine (sweet)	Törley réserve, Pannonia	desserts and fruit
sparkling wine (dry)	Pompadur, Pannonia	fowl, game
sparkling wine (extra dry)	Pannonia dry	light cheese

red	**vörös**	vurrursh
white	**fehér**	fæhayr
dry	**száraz**	saaroz
sweet	**édes**	aydæsh
light	**könnyű**	kurn^yēw
sparkling	**pezsgő**	pæzhgūr

What kind of wine do you have?	**Milyen boruk van?**	meeyæn bawrook von
May I have the wine list, please?	**Az itallapot legyen szíves!**	oz eetolloppawt læd^yæn sēēvæsh

I'd like a bottle of white/red wine.	**Egy üveg fehér/vörös bort kérek.**	æd^y ewvæg fæhayr/vurrursh bawrt kayræk
half a bottle	**fél üveg**	fayl ewvæg
a glass	**egy pohár**	æd^y pawhaar
A bottle of champagne, please.	**Egy üveg pezsgőt kérek.**	æd^y ewvæg pæzhgūrt kayræk
Please bring me another ...	**Kérek még ...**	kayræk mayg

Beer *Sör*

Hungary is traditionally rather a wine drinking nation, and beer has only become really popular in the past 20 years or so. The best known Hungarian beers are *Kőbányai* and *Dréher*. If you're interested in dark beer, try *Bak*.

Both local beer (which is rather strong) and foreign brands are available, and there is a growing number of Austrian, German and Czech beerhouses springing up in Budapest. Beer may be sold by the bottle or on draught. A glass is called a *pohár*, a pint a *korsó*.

I'd like a bottle of ... beer.	**Egy üveg ... sört kérek.**	æd^y ewvæg ... shurrt kayræk
Austrian	**osztrák**	awstraak
German	**német**	naymæt
Hungarian	**magyar**	mod^{y}or
Pilsner	**pilzeni**	peelzænee
dark/light	**barna/világos**	borno/veelaagawsh
A *pohár/korsó* of beer, please.	**Egy pohár/korsó sört kérek.**	æd^y pawhaar/kawrshaw shurrt kayræk

---

EGÉSZSÉGÉRE!

(ægaysshaygayræ)

CHEERS!

Other alcoholic drinks   *Egyéb szeszes italok*

All restaurants and drinking places serve spirits by the *féldeci* (half a decilitre, approximately ¹⁄₁₀ pint). You will find cocktails in hotels and cocktail bars (drinkbár).

I'd like a/ an ...	Kérek ...	kayræk
aperitif	egy aperitifet	ædᵞ oppæreeteefæt
cognac	egy konyakot	ædᵞ kawnᵞokkawt
gin	egy gint	ædᵞ dzheent
liqueur	egy likőrt	ædᵞ leekūrrt
rum	egy rumot	ædᵞ roomawt
vermouth	egy vermutot	ædᵞ værmootawt
vodka	egy vodkát	ædᵞ vawdkaat
whisky	egy whiskeyt	ædᵞ veeskeet
neat(straight)	tisztán	teestaan
on the rocks	jéggel	yayggæl
with a little water	kevés vízzel	kævaysh vēēz-zæl
Give me a gin and tonic, please.	Egy gint kérek tonikkal.	ædᵞ dzheent kayræk tawneekkol
Just a dash of soda, please.	Csak egy kevés szódával kérem.	chok ædᵞ kævaysh sā͞wdaavol kayræm

For a change, you might like to try one of Hungary's excellent, powerful fruit brandies:

A ... brandy, please.	Kérek egy féldeci ... pálinkát.	kayræk ædᵞ fayldætsee ... paaleenkaat
apricot	barack	borrotsk
cherry	cseresznye	chæræsnᵞæ
pear	körte	kurrtæ
plum	szilva	seelvo

A potent concoction you are unlikely to want to order but may be offered is a "Puszta cocktail"—a mixture of apricot brandy, some liqueur and some Tokay wine, chilled and served with a slice of lemon. Treat it with respect!

To round off your meal, try some *Unicum,* a bitter liqueur made from a secret herbal recipe.

Soft drinks *Üdítőital*

Some international soft-drink brands are widely available, along with a variety of fruit juices. Bottled mineral water, usually sparkling, is on sale everywhere.

I'd like some ...	... kérek.	... kayræk
apple juice	**Almalevet**	olmollævæt
apricot juice	**Baracklét**	borrotsklayt
cola	**Kólát**	kāwlaat
fruit juice	**Gyümölcslevet**	dʸewmurlchlævæt
grapefruit juice	**Grapefruitlevet**	"grapefruit" lævæt
lemonade	**Limonádét**	leemawnaadayt
lemon juice	**Citromlét**	tseetrawmlayt
mineral water	**Ásványvizet**	aashvaanʸveezæt
orange juice	**Narancslét**	norronchlayt
raspberry drink	**Málnaszörpöt**	maalnossurrpurt
soda water	**Szódavizet**	sāwdoveezæt
tomato juice	**Paradicsomlét**	porroddeechawmlayt

Coffee and tea *Kávé és tea*

As you come to notice the Hungarians drinking coffee at all hours of the day, you'll be able to believe that the nation's per-capita consumption is one of the world's highest. Coffee is drunk strong (espresso style), black, usually sweet and very hot—though you obviously need not follow the local custom if you prefer your coffee otherwise. At most places, even white breakfast coffee is based on espresso.

Tea in Hungary is generally found rather weak and tasteless by British and American visitors.

I'd like a coffee.	**Egy kávét kérek.**	ædʸ kaavayt kayræk
A white coffee, please.	**Egy tejeskávét kérek.**	ædʸ tæʸæshkaavayt kayræk
A cup of tea, please.	**Egy csésze teát kérek.**	ædʸ chayssæ tæaat kayræk
Please bring me some ...	... kérem.	... kayræm
cream/milk	**Tejszínnel/Tejjel**	tæʸseennæl
lemon/sugar	**Citrommal/Cukorral**	tseetrawm-mol/tsookawr-rol

Complaints *Panasz*

There's a plate/ glass missing.	Hiányzik egy tányér/ egy pohár.	heean^yzeek æd^y taan^yayr/ æd^y pawhaar
I don't have a knife/ fork/spoon.	Nincs késem/villám/ kanalam.	neench kayshæm/veellaam/ konnollom
That's not what I ordered.	Nem ezt rendeltem.	næm æst rændæltæm
I asked for ...	...kértem.	... kayrtæm
There must be a mistake.	Itt valami félreértés lesz.	eet vollommee faylræyr-taysh læs
May I change this?	Hozna valami mást ehelyett?	hawzno vollommee maasht æhæyæt
I asked for a small portion (for the child).	Kisadagot kértem. (a gyereknek).	keeshoddoggawt kayrtæm (o d^yæræknæk)
The meat is ...	A hús ...	o hōōsh ...
overdone	oda van égetve	awdo von aygætvæ
underdone	félig nyers	fayleeg n^yærsh
too rare	nincs eléggé átsütve	neench ælayggay aatshewtvæ
too tough	rágós/kemény	raagāwsh/kæmayn^y
This is too ...	Túl ...	tōōl
bitter/salty/sweet	keserű/sós/ édes	kæshærēw/shāwsh/ aydæsh
I don't like this.	Ez nem ízlik.	æz næm ēēzleek
The food is cold.	Hideg az étel.	heedæg oz aytæl
This isn't fresh.	ez nem friss.	æz næm freesh
What's taking so long?	Mi tart ilyen sokáig?	mee tort eeyæn shawkaaeeg
Have you forgotten our drinks?	Az innivalókat elfelejtette?	oz eenneevollāwkot ælfælætæytætæ
The wine doesn't taste right.	Rossz íze van a bornak.	raws ēēzæ von o bawrnok
This isn't clean.	Ez nem tiszta.	æz næm teesto
Would you ask the head waiter to come over?	Kérem hívja ide a főpincért.	kayræm hēēvyo eedæ o fūrpeentsayrt

The bill (check)   *A számla*

A tip of about 10% for the waiter is expected. Credit cards are generally accepted in all establishments frequented by tourists. Signs are posted indicating which cards are accepted.

I'd like to pay.	**Fizetni szeretnék.**	feezætnee særætnayk
We'd like to pay separately.	**Külön-külön fizetünk.**	kewlurn-kewlurn feezætewnk
I think there's a mistake in this bill.	**Azt hiszem, hibás a számla.**	ost heesæm heebaash o saamlo
What's this amount for?	**Ez mire vonatkozik?**	æz meeræ vawnotkawzeek
Is everything included?	**Ebben minden benne van?**	æbbæn mēēndæn bænnæ von
Do you accept traveller's cheques?	**Traveller's csekket elfogadnak?**	trævællærs chækkæt ælfawgodnok
Can I pay with this credit card?	**Ezzel a hitelkártyával fizethetek?**	æzzæl o heetælkaart^yaavol feezæthætæk
Please round it up to …	**Kerékítse fel …-re.**	kærækēētshæ fæl …-ræ
Keep the change.	**A többi a magáé.**	o turb-bee o moggaa-ay
That was delicious.	**Nagyon finom volt.**	nod^yawn feenawm vawlt
We enjoyed it, thank you.	**Nagyon ízlett, köszönjük.**	nod^yawn ēēzlæt kursurn^y ewk

---

A FELSZOLGÁLÁSI DÍJ AZ ÁRAKBAN BENNFOGLALTATIK
SERVICE INCLUDED

TIPPING, see inside back-cover

Snacks – Picnic *Gyorsétkezés – Piknik*

For a quick sit-down meal go to a *bisztró, büfé, önkiszol-gáló, tejbár* or *sörbár* (see pp. 33–34). *Lángos* (a large savoury doughnut with cheese, sour cream or garlic) and *palacsinta* (pancakes) are sold at small street stands. They also sell fried chicken *(grill csirke),* sausages *(hurka, kolbász, főtt virsli),* fried fish *(sült hal)* or *meleg szendvics,* toasted sandwiches with cheese, ham or mushroom paté.

You can also try cold buffets, salad bars, or you can stick to more familiar tastes like pizzas, hot dogs and hamburgers sold all over Hungary.

I'll have one of those, please.	**Egy ilyet kérek.**	æd^y **ee**yæt **kay**ræk
Give me two of these and one of those.	**Kérek kettőt ebből és egyet abból.**	**kay**ræk **kæt**tūrt **æb**būrl aysh æd^yæt **ob**bāwl
to the left/right	**balra/jobbra**	**bol**ro/**jawb**ro
above/below	**felette/alatta**	**fæl**æittæ/**ol**lotto
It's to take away.	**El szeretném vinni.**	æl **sæ**rætnaym **veen**nee
I'd like a/ some ...	**Kérnék ...**	**kayr**nayk
chicken	**csirkét**	**cheer**kayt
half a roasted chicken	**egy fél grill csirkét**	æd^y fayl greel **cheer**kayt
chips (french fries)	**hasábburgonyát/sült krumplit**	**ho**shaabboorgawn^yaat/ **shewlt kroom**pleet
frankfurters	**egy pár virslit**	æd^y paar **veersh**leet
fried eggs	**tükörtojást**	**tew**kurrtawyaasht
fried fish	**sült halat**	**shewlt hol**lot
fried sausages	**sült kolbászt**	**shewlt kawl**baast
ham sandwich	**sonkás szendvicset**	**shawn**kaash **sænd**veechæt
ice-cream	**fagylaltot**	**fod**^yloltawt
pancakes	**palacsintát**	**pol**locheentaat
salad	**salátát**	**shol**laataat
salami sandwich	**szalámis szendvicset**	**sol**laameesh **sænd**veechæt
sandwich	**egy szendvicset**	æd^y **sænd**veechæt
scrambled eggs	**rántottát**	**raan**tawttaat
sweetcorn	**kukoricát**	**koo**kawreetsaat
toasted sandwich	**melegszendvicset**	**mæl**ægsændveechæt

Here's a basic list of food and drink that might come in useful when shopping for a picnic.

apples	alma	olmo
bacon	szalonna	sollawnno
beer	sör	shurr
biscuits	keksz, sütemény	kæks shewtæmayn^y
bread	kenyér	kæn^{y}ayr
butter	vaj	voy
cake	sütemény, torta	shewtæmayn^y tawrto
cheese	sajt	shoyt
chocolate bar	egy tábla csokoládé	æd^y taablo chawkawlaaday
coffee	kávé	kaavay
cold cuts	hideg sült hús	heedæg shewlt hōōsh
cookies	keksz	kæks
crackers	sós keksz	shāwsh kæks
eggs	tojás	tawyaash
fruit	gyümölcs	d^{y}ewmurlch
fruit juice	gyümölcslé	d^{y}ewmurlchlay
gherkins	uborka	oobawrko
grapes	szőlő	sūrlūr
ham	sonka	shawnko
ice-cream	fagylalt	fod^{y}lolt
lemon	citrom	tseetrawm
milk	tej	tæy
mineral water	ásványvíz	aashvaan^{y}vēēz
mustard	mustár	mooshtaar
oranges	narancs	norronch
pastries	sütemény	shewtæmayn^y
pepper	bors	bawrsh
roll	zsemle	zhæmlæ
salt	só	shāw
sausage	virsli	veershlee
soft drink	üdítő	ewdeetūr
sugar	cukor	tsookawr
tea	tea	tæo
wine	bor	bawr
yoghurt	joghurt	yawghoort

Travelling around

Plane   *Repülőgép*

Is there a direct flight to London?	**Van közvetlen járat Londonba?**	von **kurzv**ætlæn **yaa**rot **lawn**dawnbo
When's the next flight to New York?	**Mikor indul a következő járat New Yorkba?**	**mee**kawr **een**dool o **kur**vætkæz**ūr yaa**rot **nyoo**yawrkbo
Is there a connection to …?	**Van átszállás … felé?**	von **aat**saal-laash … **fæ**lay
I'd like a ticket to London.	**Londonba kérek egy jegyet.**	**lawn**dawnbo **kay**ræk æd^y **yæd**^væt
single (one-way)	**csak oda**	chok **aw**do
return (round trip)	**oda-vissza**	**aw**do-**vees**-so
business class	**business osztályra**	**beez**nees **aws**taayro
aisle seat	**a szárny fölé**	o **saarn**^y **fur**lay
window seat	**az ablak mellé**	oz **ob**lok **mæl**-lay
What time do we take off?	**Mikor indulunk?**	**mee**kawr **een**dooloonk
What time should I check in?	**Mikor kell bejelent-keznem?**	**mee**kawr kæl **bæ**^yælæntkæznæm
Is there a bus to the airport?	**Van buszjárat a repülőtérre?**	von **boos**yaarot o **ræ**pewlūrtayræ
What's the flight number?	**Mi a járat száma?**	mee o **yaa**rot **saa**mo
What time do we arrive?	**Mikor érkezünk meg?**	**mee**kawr **ayr**kæzewnk mæg
I'd like to … my reservation.	**Szeretném … a jegyfoglalásomat.**	**sæ**rætnaym … o **yæd**^vfawglollaashawmot
cancel	**töröltetni**	**tur**rurltætnee
change	**megváltoztatni**	**mæg**vaaltawstotnee
confirm	**megerősíteni**	**mæg**ærūrshēētænee

ÉRKEZÉS	**INDULÁS**
ARRIVAL	DEPARTURE

Train   *Vonat*

The Hungarian State Railways have a well-developed rail network, and provide a good service at a reasonable price. First-class compartments are comfortable, second-class compartments are adequate but not always as clean as they might be. They are also likely to be crowded and noisy. Trains are punctual and international connections are fairly good.

Tickets can be purchased from railway stations and travel agencies. There is a variety of reduced fares, such as student tickets or tourist passes. Inter-Rail cards and Eurailpasses are valid in Hungary.

The three main railway stations in Budapest are: *Nyugati* (Western), *Déli* (Southern) and *Keleti* (Eastern). Some staff speak a little English or German.

Types of train

Nemzetközi gyorsvonat (næmzætkurzee d^yawrshvawnot)	International express; advance reservation is advisable.
Gyorsvonat (d^yawrshvawnot)	Long-distance express stopping only at main stations.
Személyvonat (sæmay^yvawnot)	Slow train stopping at all stations.
Helyiérdekű/HÉV (hæ^yeeayrdækew/hayv)	Surburban train, painted green, often integrated into the municipal public transport system.
Étkezőkocsi (aytkæzūrkawchee)	dining car
Hálókocsi (haalāwkawchee)	sleeping car

To the railway station   *A pályaudvarhoz*

Where's the railway station?	**Merre van a pályaudvar?**	mær-ræ von o paa^yo-oodvor
Taxi!	**Taxi!**	toxee

Take me to the ... railway station, please.	Vigyen kérem a ... pályaudvarra.	veed^yæn kayræm o ... paa^yo-oodvor-ro
Eastern*	Keleti	kælætee
Southern*	Déli	daylee
Western*	Nyugati	n^yoogottee
What's the fare?	Mennyi a viteldíj?	mæn^yee o veetældēē^y

BEJÁRAT	ENTRANCE
KIJÁRAT	EXIT
A VÁGÁNYOKHOZ	TO THE PLATFORMS
INFORMÁCIÓ	INFORMATION

Where's the ...?   *Hol van ...?*

Where is/are (the) ...?	Hol van/vannak ...?	hawl von/von-nok
bar	a büfé	o bewfay
booking office	a jegyiroda	o yæd^yeerawdo
currency exchange office	valutaváltás	vollootovaaltaash
left-luggage office (baggage check)	a poggyászmegőrző	o pawd^yaasmægūrzūr
lost property (lost and found) office	a talált tárgyak irodája	o tollaalt taard^yok eerawdaa^yo
luggage lockers	a poggyászmegőrző	o pawd^yaasmægūrzūr
newsstand	az újságos	oz ōōyshaagawsh
platform 7	a hetedik vágány	o hætædeek vaagaan^y
reservations office	a helyjegy pénztár	o hæy-yæd^y paynstaar
restaurant	az étterem	oz ayt-tæræm
snack bar	a büfé	o bewfay
ticket office	a jegypénztárak	o yæd^ypaynstaarok
waiting room	a váróterem	o vaarāwtæræm
Where are the toilets?	Merre van a W.C.?	mær-ræ von o vaytsay

---

* Budapest's railway stations

TAXI, see page 21

Inquiries *Információ*

When is the ... train to Budapest?	**Mikor indul ... vonat Budapestre*?**	meekawr eendool ... vawnot boodoppæshtræ
first/last/next	**az első/az utolsó/ a következő**	oz ælshūr/oz ootawlshāw/ o kurvætkæzūr
What time does the train to Szeged leave?	**Mikor indul a vonat Szegedre*?**	meekawr eendool o vawnot sægædræ
How much is a ticket to Siófok?	**Mennyibe kerül a jegy Siófokra*?**	mænⁱeebæ kærewl o yædⁱ sheeāwfawkro
Is it a through train?	**Gyorsvonat?**	dⁱawrshvawnot
Is there a connection to ...?	**Van átszállás ... felé?**	von aatsaal-laash ... fælay
Do I have to change trains?	**Át kell szállnom?**	aat kæl saalnawm
Is there enough time to change?	**Van elég idő az átszállásra?**	von ælayg eedūr oz aatsaal-laashro
Is the train running on time?	**Időben vagyunk?**	eedūrbæn vodⁱoonk
What time does the train arrive in Eger?	**Mikor ér a vonat Egerbe*?**	meekawr ayr o vawnot ægærbæ
Is there a dining car/sleeping car on the train?	**Van étkezőkocsi/ hálókocsi a vonaton?**	von aytkæzūrkawchee/ haalāwkawchee o vawnotttawn
Does the train stop in Sopron?	**Megáll a vonat Sopronban?**	mægaal o vawnot shawprawnbon
Which platform does the train to Hévíz leave from?	**Melyik vágányról indul a vonat Hévízre?**	mæⁱeek vaagaanⁱrawl eendool o vawnot hayvēēzræ
Which platform does the train from ... arrive at?	**Melyik vágányra érkezik a vonat ...-ból?**	mæⁱeek vaagaanⁱro ayrkæzeek o vawnot ...-bāwl
I'd like a timetable.	**Egy menetrendet kérek.**	ædⁱ mænætrændæt kayræk

---

* The word "to" can be translated by a number of different suffixes, including -ra/-re/-ba/-be, depending on the word it accompanies.

Gyorsvonat.	It's a through train.
Pécsnél át kell szállnia.	You have to change at Pécs.
Miskolcnál szálljon át egy helyi vonatra.	Change at Miskolc and get a local train.
A 7. vágány ... van.	Platform 7 is ...
ott/fent	over there/upstairs
balra/jobbra	on the left/on the right
... órakor van egy vonat Budapestre.	There's a train to Budapest at ...
A 8. vágányról indul a vonata.	Your train will leave from platform 8.
... percet késik.	It's running ... minutes late.

Tickets *Jegy*

I'd like a ticket to ...	**...-ba/-be kérek egy jegyet.**	...-bo/-bæ **kayræk ædᵛ yædᵛæt**
single (one-way)	**csak oda**	chok awdo
return (round trip)	**oda-vissza**	awdo-vees-so
first/second class	**első/másodosztályra**	ælshūr/maashawdawstaayro
half price	**félárú jegyet**	faylaarōō yædᵛæt

Reservation *Helyfoglalás*

I'd like to reserve a seat (by the window).	**Helyjegyet szeretnék váltani (ablak mellé).**	hæy-yædᵛæt særætnayk vaaltonnee (oblok mællay)
I'd like to reserve a ...	**Szeretnék ... foglalni.**	særætnayk ... fawglolnee
berth	**kusettet**	kooshætæt
upper	**felső ágyat**	fælshūr aadᵛot
middle	**középső ágyat**	kurzaypshūr aadᵛot
lower	**alsó ágyat**	olshāw aadᵛot
berth in the sleeping car	**hálókocsi helyet**	haalāwkawchee hæᵛæt

All aboard *Beszállás*

Is this the right platform for the train to Vienna?	**Erről a vágányról indul a vonat Bécs felé?**	ær-rūrl o vaagaanᵞrāwl eendool o vawnot baych fælay
Is this the train to Lake Balaton?	**Ez a vonat megy a Balatonra?**	æz o vawnot mædᵞ o bollotawnro
Excuse me. Could I get past?	**Elnézést, átengedne?**	ælnayzaysht aatængædnæ
Is this seat taken?	**Foglalt ez a hely?**	fawglolt æz o hæᵞ

DOHÁNYZÓ	NEMDOHÁNYZÓ
SMOKER	NONSMOKER

I think that's my seat.	**Azt hiszem ez az én helyem.**	ost heesæm æz oz ayn hæᵞæm
Would you let me know before we get to Szentendre?	**Szólna mielőtt Szentendrére érkezünk?**	sāwlno meeælūrt sæntændrayræ ayrkæzewnk
What station is this?	**Ez milyen állomás?**	æz meeᵞæn aalawmaash
How long does the train stop here?	**Mennyi ideig áll itt a vonat?**	mænᵞee eedæeeg aal eet o vawnot
When do we arrive in Budapest?	**Mikor érkezünk Budapestre?**	meekawr ayrkæzewnk boodoppæshtræ

Sleeping car *Hálókocsi*

Are there any free compartments in the sleeping car?	**Van még szabad fülke a hálókocsiban?**	von mayg sobbod fewlkæ o haalāwkawcheebon
Where's the sleeping car?	**Merre van a háló-kocsi?**	mær-ræ von o haalāw-kawchee
Where's my berth?	**Melyik az én ágyam?**	mæᵞeek oz ayn aadᵞom

I'd like a lower berth.	**Alsó ágyat szeretnék.**	olshaw aad^yot særætnayk
Would you make up our berths?	**Megcsinálná az ágyakat?**	mægcheenaalnaa oz aad^yokkot
Would you wake me at 7 o'clock?	**Kérem, ébresszen fel 7 órakor.**	kayræm aybræs-sæn fæl 7 awrokkawr

Eating *Étkezőkocsi*

Dining cars with full table service run only on international trains between Budapest and Vienna. On inland main lines self-service buffet cars *(büfé)* serve sandwiches, sausages, cakes, coffee, and drinks.

| Where's the dining car? | **Merre van az étkező-kocsi?** | mær-ræ von oz aytkæzur-kawchee |

Baggage and Porters *Poggyász-Hordár*

Porter!	**Hordár!**	hawrdaar
Can you help me with my luggage?	**Kérem, segítsen vinni a csomagomat.**	kayræm shægēētshæn veen-nee o **chaw**moggawmot
Where are the luggage trolleys (carts)?	**Hol vannak a poggyászkocsik?**	hawl **von**-nok o pawd^yaaskawcheek
Where are the luggage lockers?	**Hol van az automata poggyászmegőrző?**	hawl von oz outawmoto pawd^yaasmægurzur
Where's the left-luggage office (baggage check)?	**Hol van a poggyász-megőrző?**	hawl von o pawd^yaas-mægurzur
I'd like to leave my luggage, please.	**Szeretném itt hagyni a csomagomat.**	særætnaym eet hod^ynee o **chaw**moggawmot
I'd like to register (check) my luggage.	**Szeretném feladni a csomagomat.**	særætnaym fælodnee o **chaw**moggawmot

---

POGGYÁSZFELVÉTEL
REGISTERING (CHECKING) BAGGAGE

PORTERS, see also page 18

Coach (long-distance bus) *Távolsági busz*

Hungary has an extensive intercity coach network covering the whole country. Tickets are fairly inexpensive. Coaches are generally painted yellow.

When's the next coach to Esztergom?	**Mikor indul a követ- kező busz Eszter- gomba?**	meekawr **eendool** o kurvætkæzur boos æstærgawmbo
Does this coach stop at Szentendre?	**Megáll ez a busz Szentendrén?**	**mægaal** æz o boos sæntændrayn
How long does the journey (trip) take?	**Mennyi ideig tart az utazás?**	mæn^yee **eedæeeg** tort oz **ootozzaash**

Note: Most of the phrases on the previous pages can be used or adapted for travelling on local transport.

Bus-Tram (streetcar) *Autóbusz-Villamos*

Larger towns have well-organized public transport services consisting of bus, trolleybus, tram (streetcar) and suburban train networks.

Budapest has an extensive underground (subway) system as well.

If you are planning on doing a lot of travelling in one city, it's worth buying a day ticket (napijegy). Single tickets are not transferable and must be bought in advance and validated in punch clocks aboard vehicles and at underground station entrances.

I'd like a day ticket.	**Egy napijegyet kérek.**	æd^y noppeeyæd^yæt **kayræk**
Which tram (streetcar) goes to the town centre?	**Melyik villamos megy a városközpontba?**	mæ^yeek **veel**-lommawsh mæd^y o **vaar**awshkurs-pawntbo
Where can I get a bus to the opera?	**Honnan indul a busz az Opera felé?**	**hawn**-non **eendool** o boos oz awpæro **fæ**lay
Which bus do I take to the Southern rail- way station?	**Melyik busz megy a Déli pályaudvarra?**	mæ^yeek boos mæd^y o **daylee** paa^yo-oodvor-ro
Where's the bus stop?	**Hol a buszmegálló?**	hawl o **boos**mægaal-lāw

When is the ... bus to ...?	Mikor indul ... busz ... felé?	meekawr eendool ... boos ... fælay
first/last/next	az első/az utolsó/ a következő	oz ælshūr/ oz ootawlshāw/ o kurvætkæzūr
Do I have to change buses?	Át kell szállnom?	aat kæl saalnawm
How many bus stops are there to ...?	Hány megállót kell menni ...ig?	haanʸ mægaal-lāwt kæl mæn-nee ...-eeg
Will you tell me when to get off?	Szólna mikor kell leszállnom?	sāwlno meekawr kæl læsaalnawm
I'd like to get off at the Opera.	Az Operánál sze- retnék leszállni.	oz awpæraanaal særætnayk læsaalnee

BUSZMEGÁLLÓ
BUS STOP

Underground (subway) *Metró*

Although the first underground (subway) on the European continent was built in Budapest, large-scale construction only started in the 1950s. There are now three lines in operation.

Where's the nearest underground station?	Hol van a legköze- lebbi metróállomás?	hawl von o lægkurzælæbee mætrāwaal-lawmaash
Does this train go to ...?	Ez a szerelvény ... felé megy?	æz o særælvaynʸ ... fælay mædʸ
Where do I change for ...?	Hol kell átszállnom ... felé?	hawl kæl aatsaalnawm ... fælay
Is the next station ...?	A következő állomás ...?	o kurvætkæzūr aallawmaash ...?
Which line should I take to ...?	Melyik metró megy ... felé?	mæʸeek mætrāw mædʸ ... fælay

Boat service   *Hajó*

For a change of pace and perspective, you might like to take a ride on one of the passenger boats that cruise up and down the Danube and Tisza all year round. During summer season you can enjoy a relaxing trip round Lake Balaton. From May to September there is a daily hydrofoil service on the Danube between Budapest and Vienna which takes about five hours.

When does the next boat for Vienna leave?	**Mikor indul a következő hajó Bécsbe?**	meekawr eendool o kurvætkæzūr hoyaw baychbæ
Where's the embarkation point?	**Hol a hajóállomás?**	hawl o hoyā̄waallawmaash
How long does the crossing take?	**Mennyi ideig tart az átkelés?**	mænʸee eedæeeg tort oz aatkælaysh
Which port(s) do we stop at?	**Milyen állomásoknál állunk meg?**	meeʸæn aal-lawmaashawknaal aal-loonk mæg
I'd like to take a boat trip on the Danube.	**Dunai hajókirándulásra szeretnék menni.**	doonoee hoyā̄wkeeraandoolaashro særætnayk mæenee
boat	**hajó**	hoyā̄w
cabin	**kabin**	kobbeen
single	**egyágyas**	ædʸaadʸosh
double	**kétágyas**	kaytaadʸosh
deck	**fedélzet**	fædaylzæt
ferry	**komp**	kawmp
life belt	**mentőöv**	mæntūr-urv
life boat	**mentőcsónak**	mæntūrchawnok
ship	**hajó**	hoyaw

Other means of transport   *Egyéb közlekedési eszközök*

bicycle	**kerékpár**	kæraykpaar
helicopter	**helikopter**	hæleekawptær
moped	**moped**	mawpæd
motorbike/scooter	**motorkerékpár/ robogó**	mawtawrkæraykpaar/ rawbawgā̄w

Or perhaps you prefer:

to hitchhike	**stoppolni**	shtawpawlnee
to walk	**gyalogolni**	dʸollawgawlnee

Car *Gépkocsi/Autó*

Hungary's motorways (expressways) are well maintained and toll-free. Emergency telephones are located every two kilometres (about 1.25 miles) along these roads. Other roads are well maintained but those in the countryside are not very wide.

Traffic regulations are generally the same as in other countries on the European continent; seat belts are obligatory.

Where's the nearest filling station?	**Hol a legközelebbi benzinkút?**	hawl o lægkurzælæb-bee bænzeenkōōt
Fill it up, please.	**Tele kérem.**	tælæ kayræm
Give me ... litres of petrol (gasoline).	**... liter benzint kérek.**	... leetær bænzeent kayræk
super (premium)	**szuper**	soopær
regular	**normál**	nawrmaal
unleaded	**ólommentes**	āwlawm-mæntæsh
diesel	**diesel**	deezæl
Please check the ...	**Kérem ellenőrizze ...**	kayræm æl-lænūrreez-zæ
battery	**az akkumulátort**	oz okkoomoolaatawrt
brake fluid	**a fékolajat**	o faykawloyot
oil	**az olajszintet**	oz awloyseentæt
water	**a hűtővizet**	o hēwtūrveezæt
Would you check the tyre pressure?	**Kérem ellenőrizze a gumikat.**	kayræm æl-lænūrreezæ o goomeekot
1.6 front, 1.8 rear.	**1,6 elöl, 1,8 hátul.**	æd^y ægays hot ælurl æd^y ægays n^{y}awlts haatool
Please check the spare tyre, too.	**Kérem ellenőrizze a tartalékgumit is.**	kayræm æl-lænūrreez-zæ o tortollaykgoomeet eesh
Can you mend this puncture (fix this flat)?	**Meg tudná javítani ezt a defektes gumit?**	mæg toodnaa yovvēētonnee est o dæfæktæsh goomeet
Would you change the ... please?	**Kérem cserélje ki ...**	kayræm chæræyl^{y}æ kee
bulb	**az izzót**	oz eez-zāwt
fan belt	**az ékszíjat**	oz ayksēēyot

CAR HIRE, see page 20

spark(ing) plugs	a gyújtógyertyát	o dʸōōytæwdʸært'ʸaat
tyre	a gumit	o goomeet
wipers	az ablaktörlőket	oz oblokturrlūrkæt

| Would you clean the windscreen (windshield)? | Lemosná a szélvédőt? | læmawshnaa o saylvaydūrt |

| Could you wash my car? | Lemosná a kocsimat? | læmawshnaa o kawcheemot |

Asking the way   Útbaigazítás

Can you tell me the way to ...?	Elmagyarázná az utat ...-ba/-be?	ælmodʸorraaznaa oz ootot ...-bo/-bæ
In which direction is ...?	Melyik irányban van ...?	mæʸeek eeraanʸbon von
How do I get to ...?	Hogy jutok el ... -ba/-be?	hawdʸ yootawk æl ... -bo/-bæ
Are we on the right road for ...?	Ez az út vezet ... -ba/-be?	æz oz ōōt væzæt ... -bo/-bæ
How far is the next village?	Milyen messze van a következő falu?	meeʸæn mæs-sæ von o kurvætkæzūr folloo
How far is it to ... from here?	Milyen messze van ...?	meeʸæn mæs-sæ von
Is there a motorway (expressway)?	Vezet arrafelé autó-pálya?	væzæt orrofælay o-ootāwpaaʸo
How long does it take by car/on foot?	Mennyire van innen autóval/gyalog?	mænʸeeræ von een-næn o-ootāwvol/dʸollawg
Can I drive to the centre of town?	Be lehet hajtani autóval a városköz-pontba?	bæ læhæt hoytonnee o-ootāwvol o vaarawshkurz-pawntbo?
Is traffic allowed in the town centre?	Szabad autóval közle-kedni a belvárosban?	sobbod o-ootāwvol kurzlæ-kædnee o bælvaarawshbon
Can you tell me where ... is?	Meg tudná mondani hol van ...?	mæg toodnaa mawndonnee hawl von
How can I find this place/address?	Hogy jutok el erre a helyre/címre?	hawdʸ yootawk æl ær-ræ a hæyræ/tsēēmræ
Where's this?	Hol van ez?	hawl von æz
Can you show me on the map where I am?	Megmutatná a térképen hogy hol vagyok?	mægmoototnaa o tayrkaypæn hawdʸ hawl vodʸawk

Rossz irányban halad.	You're on the wrong road.
Egyenesen tovább.	Go straight ahead.
Arra lefelé van balra/jobbra.	It's down there on the left/right.
... szemben/mögött	opposite/behind ...
... mellett/után	next to/after ...
észak/dél	north/south
kelet/nyugat	east/west
Menjen at első/második keresztútig.	Go to the first/second crossroads (intersection).
Forduljon balra a jelzőlámpánál.	Turn left at the traffic lights.
Forduljon jobbra a következő sarkon.	Turn right at the next corner.
Menjen ... úton.	Take the ... road.
Egyirányú utca.	It's a one-way street.
Vissza kell mennie ...	You have to go back to ...
Kövesse a táblákat ... felé.	Follow signs for ...

Parking *Parkolás*

Much of central Budapest is closed to traffic except for vehicles displaying a special permit. Elsewhere in urban areas, there are parking meters, or in car parks you may be approached by an attendant for a fee.

Where can I park?	**Hol parkolhatok?**	hawl porkawlhottawk
Is there a car park nearby?	**Van a közelben parkoló?**	von o kurzælbæn porkawlāw
May I park here?	**Parkolhatok itt?**	porkawlhottawk eet
How long can I park here?	**Mennyi ideig parkolhatok itt?**	mænᵞee eedæ-eeg porkawlhottawk eet
What's the charge per hour?	**Mennyibe kerül óránként?**	mænᵞeebæ kærewl āwraankaynt
Do you have some change for the parking meter?	**Van aprója a parkolóórába?**	von oprāwyo o porkawlāw-āwraabo

Breakdown—Road assistance *Defekt—Autómentő*

Where's the nearest garage?	Hol a legközelebbi autójavító műhely?	hawl o lægkurzæelæb-bee o-ootāwyovveetaw mēwhæy
My car has broken down.	Elromlott a kocsim.	ælrawmlawt o kawcheem
May I use your phone?	Használhatom a telefonját?	hosnaalhottawm o tælæfawnyaat
I've had a breakdown at ...	...-nál/-nél elromlott a kocsim.	...-naal/-nayl elrawmlawt o kawcheem
Can you send a mechanic?	Tudna küldeni egy szerelőt?	toodno kewldænee ædᵞ særælūrt
My car won't start.	Nem indul be a kocsim.	næm eendool bæ o kawcheem
The battery is dead.	Kimerült az akku.	keemærewlt oz okkoo
I've run out of petrol (gasoline).	Elfogyott a benzinem.	ælfawdᵞawt o bænzeenæm
I have a flat tyre.	Defektes a gumi.	dæfæktæsh o goomee
The engine is overheating.	Túlforrósodik a motor.	tōolfawrāwshawdeek o mawtawr
There's something wrong with the ...	Valami nincs rend- ben ...	vollommee neench rændbæn
brakes	a fékkel	o fayk-kæl
carburettor	a karburátorral	o korbooraatawr-rol
exhaust pipe	a kipuffogóval	o keepoof-fawgāwvol
radiator	a hűtővel	o hēwtūrvæl
wheel	a kerékkel	o kæraykkæl
Can you send a breakdown van (tow truck)?	Tudna küldeni egy szervízkocsit?	toodno kewldænee ædᵞ særvēezkawcheet
How long will you be?	Meddig tart?	mæd-deeg tort
Can you give me an estimate?	Körülbelül mennyibe fog kerülni?	kurrewlbælæwl mænᵛeebæ fawg kærewlnee

Accident—Police *Baleset—Rendőrség*

| Please call the police. | Kérem, hívja a rendőrséget. | kayræm hēēvyo o rændūrshaygæt |

There's been an accident. It's about 2 km. from ...	Baleset történt. ...-tól/-től kb. 2 km-re.	bollæshæt turrtaynt ...-tāwl/-tūrl kaabay kayt keelawmaytær-ræ
Where's there a telephone?	Hol találok telefont?	hawl tollaalawk tælæfawnt
Call a doctor/an ambulance quickly.	Hívjon orvost/ mentőket gyorsan.	heevyawn awrvawsht/ mæntūrkæt dʸawrshon
There are people injured.	Sérülés történt.	shayrewlaysh turrtaynt
Here's my driving licence.	Tessék a jogosítványom.	tæsh-shayk o yawgawshēēt-vaanyawm
What's your name and address?	Mi a neve és lakcíme?	mee o nævæ aysh loktsēēmæ
What's your insurance company?	Mi a biztosítója neve?	mee o beestawshēētāwyo nævæ

Road signs *Közlekedési táblák*

ÁTMENŐ FORGALOM	Through traffic
BEHAJTANI TILOS	No entry
EGYIRÁNYÚ UTCA	One-way street
ELŐZNI TILOS	No overtaking
ELSŐBBSÉGADÁS KÖTELEZŐ	Give way
ELSŐSEGÉLYNYÚJTÁS	First aid
FORGALOMELTERELÉS	Diversion
GÉPJÁRMŰVEL BEHAJTANI TILOS	No traffic allowed
GYALOGÁTKELŐHELY	Pedestrian crossing
ISKOLA	School
JOBBRA TARTS	Keep right
KŐOMLÁS	Falling rocks
KÖRFORGALOM	Roundabout
LASSÍTS	Slow down
MAGASFESZÜLTSÉG	High-tension cable
MEGÁLLNI TILOS	No stopping
RENDŐRSÉG	Police
TILOS A PARKOLÁS	No parking
ÚTÉPÍTÉS	Road works ahead
VÁM	Customs
VASÚTI ÁTJÁRÓ	Level crossing
VESZÉLY	Danger
VESZÉLYES KANYAR	Dangerous bend
VIGYÁZAT	Attention
ZSÁKUTCA	Cul-de-sac

Sightseeing

Where's the tourist office?	Hol van az utazási iroda?	hawl von oz ootozaashee eerawdo
What are the main points of interest?	Mik a legfontosabb látnivalók?	meek o lægfawntawshob laatneevollāwk
We're here for ...	... maradunk.	... morroddoonk
only a few hours	Csak néhány óráig	chok nayhaan^y āwraaeeg
a day	Egy napig	æd^y noppeeg
a week	Egy hétig	æd^y hayteeg
Can you recommend a sightseeing tour/ an excursion?	Tudna ajánlani egy városnéző körutat/ egy kirándulást?	toodno oyaanlonnee æd^y vaarawshnayzūr kurrootot/ æd^y keeraandoolaasht
Where do we leave from?	Honnan indulunk?	hawn-non eendooloonk
Will the bus pick us up at the hotel?	A busz a szállodánál vesz fel bennünket?	o boos o saal-lawdaanaal væs fæl bænewnkæt
How much does the tour cost?	Mennyibe kerül a városnézés?	mæn^{y}ebbæ kærewl o vaarawshnayzaysh
What time does the tour start?	Mikor kezdődik a városnézés?	meekawr kæzdūrdeek o vaarawshnayzaysh
Is lunch included?	Az ebéd is benne van?	oz æbayd eesh bæn-næ von
What time do we get back?	Mikor érünk vissza?	meekawr ayrewnk vees-so
Do we have free time in ...?	Lesz szabad időnk ...-ban/-ben?	læs sobbod eedūrnk ...-bon/-bæn
Is there an English-speaking guide?	Van angolul beszélő idegenvezető?	von ongawlool bæsaylūr eedægænvæzætūr
I'd like to hire a private guide for ...	Szeretnék külön idegenvezetőt ...	særætnayl kewlurn eedægænvæzætūrt
half a day	fél napra	fayl nopro
a day	egy napra	æd^y nopro
I'd like to see the ...	Szeretném látni ...	særætnaym laatnee

Where is/Where are the ...?	Hol van/vannak ...?	hawl von/von-nok
abbey	az apátság	oz oppaatshaag
art gallery	a galéria	o gollayreeo
artists' quarter	a művésznegyed	o mēwvaysnædᵞæd
botanical gardens	a botanikus kert	o bawtonneekoosh kært
building	az épület	oz aypewlæt
business district	az üzleti negyed	oz ewzlætee nædᵞæd
castle	a vár	o vaar
catacombs	a katakombák	o kottokawmbaak
cathedral	a katedrális	o kottædraaleesh
cave	a barlang	o borlong
cemetery	a temető	o tæmætūr
city centre	a városközpont	o vaarawshkurzpawnt
chapel	a kápolna	o kaapawlno
church	a templom	o tæmplawm
concert hall	a koncertterem	o kawntsært-tæræm
convent	a kolostor	o kawlawshtawr
court house	a bíróság	o bēērāwshaag
downtown area	a belváros	o bælvaarawsh
embankment	a folyópart	o fawyāwport
exhibition	a kiállítás	o keeaalēētaash
factory	a gyár	o dᵞaar
fair	a vásár	o vaashaar
flea market	a bolhapiac	o bawlhoppeeots
fortress	az erőd	oz ærūrd
fountain	a szökőkút	o surkūrkoot
gardens	a park	o pork
harbour	a kikötő	o keekurtūr
lake	a tó	o tāw
library	a könyvtár	o kurnᵞvtaar
market	a piac	o peeots
memorial	az emlékmű	oz æmlaykmēw
monastery	a kolostor	o kawlawshtawr
monument	az emlékmű	oz æmlaykmēw
museum	a múzeum	o mōōzæoom
old town	a régi városnegyed	o rayghee vaarawshnædᵞæd
opera house	az opera	oz awpæro
palace	a palota	o pollawto
park	a park	o pork
parliament building	a parlament	o porlommænt
planetarium	a planetárium	o plonnætaareeoom
royal palace	a királyi palota	o keeraaᵞee pollawto
ruins	a romok	o rawmawk
shopping area	a vásárló negyed	o vaashaarlāw nædᵞæd
square	a tér	o tayr

stadium	a stadion	o shtoddeeawn
statue	a szobor	o sawbawr
theatre	a színház	o seenhaaz
tomb	a sír	o sheer
tower	a torony	o tawrown^y
town (city) hall	a városháza	o vaarawsh-haazo
university	az egyetem	oz æd^{y}ætæm
zoo	az állatkert	oz aalotkært

Admission *Belépés*

Is ... open on Sundays?	... nyitva van vasárnaponként?	... n^{y}eetvo von voshaarnoppawnkaynt
What are the opening hours?	Mikor vannak nyitva?	meekawr von-nok n^{y}eetvo
When does it close?	Mikor zár?	meekawr zaar
How much is the entrance fee?	Mennyi a belépő?	mæn^{y}ee o bælaypūr
Two adults and a child, please.	Két felnőtt és egy gyerek belépőt kérek.	kayt fælnūrt aysh æd^y d^{y}æræk bælaypūrt kayræk
Is there any reduction for (the) ...?	Van kedvezmény ... részére?	von kædvæzmayn^y ... raysayræ
children	gyerekek	d^{y}ærækæk
disabled	rokkantak	rawkkontok
groups	csoportok	chawpawrtawk
pensioners	nyugdíjasok	n^{y}oogdee^{y}oshawk
students	diákok	dee^{y}aakawk
Do you have a guidebook (in English)?	Van (angol nyelvű) útikalauz?	von (ongawl n^{y}ælvēw) ōōteekollo-ooz
Can I buy a catalogue?	Kaphatok katalógust?	kophottawk kottollāwgoosht
Is it all right to take pictures?	Szabad fényképezni?	sobbod fayn^{y}kaypæznee

Who — What — When?   *Ki – Mi – Mikor?*

What's that building?	**Mi az az épület?**	mee oz oz aypewlæt
Who was the ...?	**Ki volt ...?**	kee vawlt
architect	**az építész**	oz aypēētays
artist	**a művész**	o mē͞wvays
painter	**a festő**	o fæshtūr
sculptor	**a szobrász**	o sawbraas
Who built it?	**Ki építette?**	kee aypēētæt-tæ
Who painted that picture?	**Ki festette azt a képet?**	kee fæshtæt-tæ ost o kaypæt
When did he live?	**Mikor élt?**	meekawr aylt
When was it built?	**Mikor épült?**	meekawr aypewlt
Where's the house where ... lived?	**Hol az a ház, amelyben ... élt?**	hawl oz o haaz omæybæn ... aylt
We're interested in ...	**Minket ... érdekel/ érdekelnek.** *	meenkæt ... ayrdækæl/ ayrdækælnæk
antiques	**a régiségek**	o raygheeshaygæk
archaeology	**a régészet**	o raygaysæt
art	**a képzőművészet**	o kaypzūrmē͞wvaysæt
botany	**a botanika**	o bawtonneeko
ceramics	**a kerámiák**	o kæraameeaak
coins	**az érmék**	oz ayrmayk
fine arts	**a szépművészet**	o saypmē͞wvaysæt
furniture	**a bútorok**	o bōōtawrawk
geology	**a geológia**	o gæawlā͞wgheeo
handicrafts	**a kézművesség**	o kayzmē͞wvæsh-shayg
history	**a történelem**	o turrtaynælæm
medicine	**az orvostudomány**	oz awrvawshtoodawmaan^y
music	**a zene**	o zænæ
natural history	**a természettudomány**	o tærmaysæt-toodawmaan^y
ornithology	**a madártan**	o moddaarton
painting	**a festészet**	o fæshtaysæt
pottery	**a kerámiák**	o kæraameeaak
religion	**a vallás**	o vollaash
sculpture	**a szobrászat**	o sawbraasot
zoology	**a zoológia**	o zaw-awlā͞wgheeo
Where's the ... department?	**Hol van ...-i részleg?**	hawl von ...-ee rayslæg

---

* Use *érdekelnek* with words in the following list which end in -k.

It's ...	Ez ...	æz
amazing	elbűvölő	ælbēwvurlūr
awful	borzasztó	bawrzostāw
beautiful	gyönyörű	dʸurnʸurrēw
gloomy	borongós	bawrawngāwsh
impressive	lenyűgöző	lænʸēwgurzūr
interesting	érdekes	ayrdækæsh
magnificent	pompás	pawmpaash
pretty	szép	sayp
strange	furcsa	foorcho
superb	kiváló	keevaalāw
terrifying	rémisztő	raymeestūr
tremendous	fantasztikus	fontosteekoosh
ugly	csúnya	chōōnʸo

Religious services   *Egyházi szolgáltatások*

Although Catholics are the majority in Hungary, other religions are also practised.

Most churches are open to the public. Masses are usually said in Hungarian, but there are services in Latin, English and German as well.

Is there a ... near here?	Van a közelben ...?	von o kurzælbæn
Catholic church	katolikus templom	kottawleekoosh templawm
Protestant church	református templom	ræfawrmaatosh tæmplawm
mosque	mecset	mæchæt
synagogue	zsinagóga	zheenoggāwgo
What time is ...?	Hány órakor kezdődik ...?	haanʸ awrokawr kæzdūrdeek
mass	a mise	o meeshæ
the service	a szertartás	o særtortaash
Where can I find a ... who speaks English?	Hol találok egy angolul beszélő ...?	hawl tolaalawk ædʸ ongawlool bæsaylūr
priest/minister/ rabbi	papot/plébánost/ rabbit	poppawt/playbaanawsht/ robbeet
I'd like to visit the church.	Szeretném megnézni a templomot.	særætnaym mægnayznee o tæmplawmawt

In the countryside *A szabadban*

Is there a scenic route to ...?	**Van valami szép útvonal ...-ba/-be?**	von **vo**llommee sayp **ōō**tvawnol ...-bo/-bæ
How far is it to ...?	**Milyen messze van ...?**	mee^yæn **mæs**-sæ von
Can we walk there?	**Gyalog el lehet menni?**	d^yollawg æl læhæt **mæn**-nee
How high is that mountain?	**Milyen magas az a hegy?**	mee^yæn **mog**gosh oz o hæd^y
What kind of ... is that?	**Ez milyen ...?**	æz mee^yæn ...?
animal	**állat**	**aal**-lot
bird	**madár**	**mod**daar
flower	**virág**	**vee**raag
tree	**fa**	fo

bridge	**híd**	hēēd
cliff	**szikla**	**sēē**klo
farm	**tanya**	**ton**^yo
field	**mező**	**mæ**zūr
footpath	**ösvény**	**ursh**vayn^y
forest	**erdő**	**ær**dūr
garden	**kert**	kært
hill	**hegy**	hæd^y
house	**ház**	haaz
lake	**tó**	tāw
meadow	**rét**	rayt
mountain	**hegy**	hæd^y
(mountain) pass	**hágó**	**haa**gāw
path	**ösvény**	**ursh**vayn^y
peak	**hegycsúcs**	**hæd**^ychōōch
pond	**tó**	tāw
river	**folyó**	**faw**^yāw
road	**út**	ōōt
sea	**tenger**	**tæn**gær
spring	**forrás**	**fawr**-raash
valley	**völgy**	vurld^y
village	**falu**	**fol**loo
vineyard	**szőlőskert**	**sur**lurshkært
wall	**fal**	fol
waterfall	**vízesés**	**vēē**zæshaysh
wood	**erdő**	**ær**dūr

ASKING THE WAY, see page 76

Relaxing

Cinema (Movies) — Theatre *Mozi – Színház*

Most foreign films are dubbed into Hungarian, but you may find some films, mainly at late-night shows, in the original version. A wide range of films are shown all day long, and tickets are fairly cheap.

Theatre plays and concerts generally start at 7 p.m. and tickets are very reasonable. You can find out what's on by looking in local newspapers and special weekly or monthly entertainment magazines.

What's on at the cinema tonight?	**Mi megy ma este a moziban?**	mee mæd^y mo æshtæ o mawzeebon
What's playing at the ... Theatre?	**Mi megy a ... Színházban?**	mee mæd^y o ... seenhaazbon
What sort of play is it?	**Milyen darab?**	mee^yæn dorrob
Who's it by?	**Ki írta?**	kee eerto
Can you recommend a ...?	**Tudna ajánlani ...?**	toodno oyaanlonnee
good film	**egy jó filmet**	æd^y yaw feelmæt
comedy	**egy vígjátékot**	æd^y veegyaataykawt
musical	**egy musicalt**	æd^y m^yewzeekælt
Where's that new film directed by ... being shown?	**... új filmjét hol játsszák?**	... ooy feelm^yayt hawl yaatsaak
Who's in it?	**Ki játszik benne?**	kee yaatseek bæn-næ
Who's playing the lead?	**Ki játssza a főszerepet?**	kee yaatso o fūrsæræpæt
Who's the director?	**Ki a rendező?**	kee o rændæzūr
At which theatre is that new play by ... being performed?	**Melyik színházban játsszák ... új darabját?**	mæ^yeek seenhaazbon yaatsaak ... ooy dorrob^yaat

What time does it begin?	**Hány órakor kezdődik?**	han^y awrokawr kæzdūrdeek
What time does the performance end?	**Mikor van vége az előadásnak?**	meekawr von vaygæ oz ælūroddaashnok
Are there any seats for tonight?	**Van ma estére jegy?**	von mo æshtayræ yæd^y
How much are the seats?	**Mennyibe kerül egy jegy?**	mæn^yeebæ kærewl æd^y yæd^y
I'd like to reserve 2 seats for the show on Friday evening.	**Két jegyet szeretnék a péntek esti előadásra.**	kayt yæd^yæt særætnayk o payntæk æshtee ælūroddaashro
Can I have a ticket for the matinée on Tuesday?	**Kaphatnék a keddi matinéra jegyet?**	kophotnayk o kæd-dee motteenayro yæd^yæt
I'd like a seat in the stalls (orchestra).	**A földszintre kérek egy jegyet.**	o furldseentræ kayræk æd^y yæd^yæt
Not too far back.	**Ne nagyon hátulra.**	næ nod^yawn haatoolro
Somewhere in the middle.	**Valahova középre.**	vollohawvo kurzaypræ
How much are the seats in the circle (mezzanine)?	**Mennyibe kerül egy jegy az erkélyre?**	mæn^yeebæ kærewl æd^y yæd^y oz ærkay^yræ
May I have a programme, please?	**Kaphatnék egy műsorfüzetet?**	kophotnayk æd^y mēwshawrfewzætæt
Where's the cloak-room?	**Merre van a ruhatár?**	mær-ræ von o roohottaar

---

🖙	🕮
Sajnálom, minden jegy elkelt.	I'm sorry, we're sold out.
Csak az erkélyre van még néhány jegy.	There are only a few seats left in the circle (mezzanine).
Láthatnám a jegyét?	May I see your ticket?
Ez az ön helye.	This is your seat.

DAYS OF THE WEEK, see page 151

Opera—Balett—Concert *Opera – Balett – Koncert*

Can you recommend a (n) ...?	**Tudna ajánlani ...?**	toodno oyaanlonnee
ballet	**egy balettet**	æd^y bollæt-tæt
concert	**egy koncertet**	æd^y kawntsærtæt
opera	**egy operát**	æd^y awpæraat
operetta	**egy operettet**	æd^y awpæræt-tæt
Where's the opera house/ the concert hall?	**Hol van az opera/ hangversenyterem?**	hawl von oz awpæro/ hongværsæn^ytæræm
What's on at the opera tonight?	**Mi megy ma este az operában?**	mee mæd^y mo æshtæ oz awpæraabon
Who's singing/ dancing?	**Ki énekel/táncol?**	kee aynækæl/taantsawl
Which orchestra is playing?	**Melyik zenekar játszik?**	mæ^yeek zænækor yaatseek
What are they playing?	**Mit játszanak?**	meet yaatsonnok
Who's the conductor/ soloist?	**Ki a karmester/ szólista?**	kee o kormæshtær/ sāwleeshto

Nightclubs *Éjszakai szórakozóhelyek*

Can you recommend a good nightclub?	**Tud ajánlani egy jó éjszakai klubot?**	tood oyaanlonnee æd^y yāw aysokooee kloobawt
Is there a floor show?	**Műsor van?**	mēwshawr von
What time does the show start?	**Mikor kezdődik a műsor?**	meekawr kæzdūrdeek o mēwshawr
Is evening dress required?	**Alkalmi öltözet szükséges?**	olkolmee urlturzæt sewkshaygæsh

Discos *Diszkó/Disco*

Where can we go dancing?	**Hol lehet táncolni?**	hawl læhæt taantsawlnee
Is there a disco-theque in town?	**Van diszkó a városban?**	von deeskāw o vaarawshbon
Would you like to dance?	**Van kedve táncolni?**	von kædvæ taantsawlnee

Sports *Sport*

The Hungarians are a sport-loving nation, and facilities for both watching and playing sports are widely available.

Soccer *(labdarúgás)* is without doubt the top spectator sport. Most towns have at least one team, and except in the height of summer you'll certainly be able to see a match whatever part of the country you happen to be in.

Basketball *(kosárlabda)* is also popular. It is played all year round except for the summer in various leagues. The country boasts some 40,000 regular players.

Water polo *(vízilabda)* is another big favourite. The national team has won many international prizes.

Horse racing *(lóverseny)* is widely organized during the season. Betting is legal and popular.

Sailing *(vitorlázás)* is popular on Lake Balaton and Lake Velence. Regattas and races take place on both lakes.

For information about all kinds of sports events, see the daily sports paper, or ask at the tourist office.

Is there a football (soccer) match anywhere this Saturday?	**Van most szombaton futball meccs valahol?**	von mawsht sawmbottawn footbol mæch vollohawl
Which teams are playing?	**Milyen csapatok játszanak?**	meeᵞæn choppotawk yaatsonok

basketball	**kosárlabda**	kawshaarlobdo
car racing	**autóversenyzés**	o-ootāwᵥværshænᵞzaysh
cycling	**kerékpározás**	kæraykpaarawzaash
football (soccer)	**futball**	footbol
horse racing	**lóversenyzés**	lāwværshanᵞzaysh
(horse-back)riding	**lovaglás**	lawvoglaash
skiing	**síelés**	shēē-ælaysh
swimming	**úszás**	ōōsaash
tennis	**tenisz**	tænees
volleyball	**röplabda**	rurplobdo

Can you get me a ticket?	**Tud nekem szerezni egy jegyet?**	tood næekæm særæznee ædY yædYæt
I'd like to see a boxing match.	**Szeretnék megnézni egy bokszmérkőzést.**	særætnayk mægnayznee ædY bawxmayrkūrzaysht
What's the admission charge?	**Mennyi a belépő?**	mænYee o bælaypūr
Where's the nearest golf course?	**Hol a legközelebbi golfpálya?**	hawl o lægkurzælæb-bee gawlfpaayo
I'd like to play golf.	**Szeretnék golfozni.**	særætnayk gawlfawznee
Where are the tennis courts?	**Hol vannak a tenisz-pályák?**	hawl von-nok o tænees-paayaak
I'd like to play tennis.	**Szeretnék teniszezni.**	særætnayk tæneesæznee
What's the charge per ...?	**Mennyi a bérleti díj ...?**	mænYee o bayrlætee dēēY
day	**naponta**	noppawnto
round	**játszmánként**	yaatsmaankaynt
hour	**óránként**	āwraankaynt
Can I hire (rent) rackets?	**Lehet ütőket kölcsönözni?**	læhæt ewtūrkæt kurlchurnurznee
Where's the race course (track)?	**Hol a pálya?**	hawl o paayo
Is there any good fishing/hunting around here?	**Lehet a környéken jól horgászni/vadászni?**	læhæt o kurrnYaykæn yāwl hawrgaasnee/voddaasnee
Do I need a permit?	**Engedély szükséges?**	ængædayY sewksaygæsh
Where can I get one?	**Hol kaphatok enge-délyt?**	hawl kophotawk ængæ-dayYt
Can one swim in the lake/river?	**Szabad a tóban/folyóban úszni?**	sobbod o tāwbon/fawYāwbon oosnee
Is there a swimming pool here?	**Van itt uszoda?**	von eet oosawdo
Is it open-air or indoor?	**Szabadtéri vagy fedett?**	sobbottayree vodY fædæt
What's the temperature of the water?	**Hány fokos a víz?**	haanY fawkawsh o vēēz
Is there a sandy beach?	**Van homokos strand?**	von hawmawkawsh shtrond

On the beach *A strandon*

Is it safe to swim here?	**Biztonságos itt fürdeni?**	beestawnshaagawsh eet fewrdænee
Is there a lifeguard?	**Mentőszolgálat van?**	mæntūrsawlgaalot von
Is it safe for children?	**Biztonságos gyerekek részére?**	beestawnshaagawsh d^yæræækæk raysayræ
The lake is very calm.	**Nagyon nyugodt a tó.**	nod^yawn n^yoogawt o tāw
There are some big waves.	**Nagyon hullámzik.**	nod^yawn hool-laamzeek
Are there any dangerous currents?	**Vannak veszélyes örvények?**	von-nok væsay^yæsh urrvayn^yæk
I want to hire a/an/ some ...	**Szeretnék ... bérelni.**	særætnayk ... bayrælnee
bathing hut (cabana)	**egy kabint**	æd^y kobbeent
deck chair	**egy nyugágyat**	æd^y n^yoogaad^yot
motorboat	**egy motorcsónakot**	æd^y mawtawrchāwnokkawt
rowing-boat	**egy evezős csónakot**	æd^y ævæzūrsh chāwnok-kawt
sailing boat	**egy vitorlást**	æd^y veetawrlaasht
sunshade (umbrella)	**egy napernyőt**	æd^y noppærn^yūrt
water-skis	**vizisít**	veezeeshēēt
windsurfer	**egy surföt**	æd^y surrfurt

| **MAGÁNSTRAND** | PRIVATE BEACH |
| **TILOS A FÜRDÉS** | NO SWIMMING |

Riding *Lovaglás*

| I'd like to take riding lessons. | **Lovaglóleckéket szeretnék venni.** | lawvoglāwlætskaykæt særætnayk væn-nee |
| Where can I go riding? | **Hol lehet lovagolni?** | hawl læhæt lawvoggawlnee |

Winter sports *Téli sportok*

| Is there a skating rink near here? | **Van a közelben korcsolyapálya?** | von o kurzælbæn kawrchawyoppaayo |
| I'd like to ski. | **Szeretnék síelni.** | særætnayk shēēælnee |

Making friends

Introductions   *Bemutatkozás*

May I introduce ...?	**Szeretném bemutat-ni ...**	særætnaym bæmootootnee
John, this is ...	**John, ez ...**	John æz
My name is ...	**... vagyok.**	... vod^yawk
Pleased to meet you!	**Örülök, hogy megismerhetem.**	urrewlurk hawd^y mægeeshmærhætæm
What's your name?	**Hogy hívják?**	hawd^y hēēvyaak
How are you?	**Hogy van?**	hawd^y von
Fine, thanks. And you?	**Köszönöm jól. És ön?**	kursurnurm yāwl. aysh urn

Follow-up   *Ismerkedő beszélgetés*

How long have you been here?	**Mióta van itt?**	meeāwto von eet
We've been here a week.	**Egy hete vagyunk itt.**	æd^y hætæ vod^yoonk eet
Is this your first visit?	**Először van itt?**	ælūrsur von eet
No, we came here last year.	**Nem, tavaly is voltunk itt.**	næm tovvoy eesh vawltoonk eet
Are you enjoying your stay?	**Jól érzi magát?**	yawl ayrzee moggaat
Yes, I like it very much.	**Igen, nagyon jól.**	eegæn nod^yawn yāwl
I like the scenery a lot.	**Nagyon szeretem a vidéket.**	nod^yawn særætæm o veedaykæt
What do you think of the country/people?	**Mit gondol az ország-ról/az emberekről?**	meet gawndawl oz awrsaagrāwl/oz æmbærækrūrl
Where do you come from?	**Honnan jött?**	hawn-non jurt
I'm from ...	**...-ból/-ből jöttem.**	...-bāwl/-būrl yurtæm
What nationality are you?	**Milyen nemzetiségű?**	mee^yæn næmzæteeshay-gēw

COUNTRIES, see page 146

I'm ...	... vagyok.	... vod^yawk
American	Amerikai	ommæreekoee
British	Angol/Brit	ongawl/breet
Canadian	Kanadai	konnodoee
English	Angol	ongawl
Irish	Ír	ēēr

Where are you staying?	Hol lakik?	hawl lokkeek

Are you on your own?	Egyedül van?	æd^yædewl von

I'm with my ...	... vagyok.	... vod^yawk
wife	A feleségemmel	o fælæshaygæm-mæl
husband	A férjemmel	o fayr^yæm-mæl
family	A családommal	o chollaadawm-mol
children	A gyerekeimmel	o d^yærækæeem-mæl
parents	A szüleimmel	o sewlæeem-mæl
boyfriend/girlfriend	A barátommal/ barátnőmmel	o borraatawm-mol/ borraatnūrm-mæl

father/mother	édesapa/édesanya	aydæshoppo/aydæshon^yo
son/daughter	fia/lánya	feeo/laan^yo
brother/sister	(fiú-/lány-) testvér	(feeōō-/laan^y-) tæshtvayr
uncle/aunt	nagybácsi/nagynéni	nod^ybaachee/nod^ynaynee
nephew/niece	unokaöccs/unokahúg	oonawko-urch/ oonawkohōōg
cousin	unokatestvér	oonawkotæshtvayr

Are you married?	Házas?	haazosh
Are you single?	Hajadon*/Nőtlen**?	hoyodawn/nūrtlæn
Do you have children?	Van gyereke?	von d^yærækæ
What do you do?	Mi a foglalkozása?	mee o fawglolkawzaasho
I'm a student.	Diák vagyok.	deeaak vod^yawk
What are you studying?	Mit tanul?	meet tonnool
I'm here on a business trip.	Üzleti úton vagyok itt.	ewzlætee ōōtawn vod^yawk eet
Do you travel a lot?	Sokat utazik?	shawkot ootozzeek
Do you play cards/ chess?	Kártyázik/Sakkozik?	kaart^yaazeek/shok-kawzeek

* Woman ** Man

MAKING FRIENDS

The weather *Az időjárás*

What a lovely day!	**Milyen gyönyörű nap!**	mee^yæn d^yurn^yurew nop
What awful weather!	**Micsoda pocsék idő!**	meechawdo pawchayk eedūr
Isn't it cold/ hot today?	**Milyen hideg/meleg van ma!**	mee^yæn heedæg/mælæg von mo
Is it usually as warm as this?	**Mindig ilyen meleg van?**	meendeeg eeyæn mælæg von
Do you think it's going to ... tomorrow?	**Mit gondol, ... holnap?**	meet gawndawl hawlnop
be a nice day	**szép idő lesz**	sayp eedūr læs
rain	**esni fog**	æshnee fawg
snow	**havazni fog**	hovvoznee fawg
What's the weather forecast?	**Mit mond az időjárásjelentés?**	meet mawnd oz eedūryaaraashyælæntaysh

cloud	**felhő**	fælhūr
fog	**köd**	kurd
frost	**fagy**	fod^y
ice	**jég**	yayg
lightning	**villámlás**	veel-laamlaash
moon	**hold**	hawld
rain	**eső**	æshūr
sky	**ég**	ayg
snow	**hó**	hāw
star	**csillag**	cheel-log
sun	**nap**	nop
thunder	**mennydörgés**	mæn^ydurgaysh
thunderstorm	**vihar**	veehor
wind	**szél**	sayl

Invitations *Meghívás*

Ismerkedés

Would you like to have dinner with us on ...?	**Eljönne hozzánk vacsorázni ...?**	ælyurnnæ hawz-zaank vochawraaznee
May I invite you to lunch?	**Meghívhatom ebédre?**	mægheēvhotawm æbaydræ

DAYS OF THE WEEK, see page 151

Can you come round for a drink this evening?	**Átjönne ma este egy italra?**	aatyurnnæ mo æshtæ æd^y eetolro
There's a party. Are you coming?	**Parti/Házibuli* lesz nálunk. Eljön?**	portee/haazeeboolee læs naaloonk. ælyurn
That's very kind of you.	**Nagyon kedves öntől.**	nod^yawn kædvæsh urntūrl
Great. I'd love to come.	**Nagyszerű. Szívesen eljövök.**	nod^ysærēw. sēēvæshæn ælyurvurk
What time shall we come?	**Hánykor jöjjünk?**	haan^ykawr yuryewnk
May I bring a friend?	**Elhozhatom egy barátomat?**	ælhaws-hotawm æd^y boraatawmot
I'm afraid we have to leave now.	**Azt hiszem, most már mennünk kell.**	ost heesæm mawsht maar mæn-newnk kæl
Next time you must come to visit us.	**Legközelebb feltétlenül látogassanak meg.**	lækkurzælæb fæltaytlæ-newl laatawgosh-shonnok mæg
Thanks for the evening. It was great.	**Köszönöm az estét. Nagyszerű volt.**	kursurnurm oz æshtayt. nod^ysærēw vawlt

Dating *Randevú*

Do you mind if I smoke?	**Nem zavarja, ha dohányzom?**	næm zovvoryo ho dawhaan^yzawm
Would you like a cigarette?	**Parancsol egy cigarettát?**	porronchawl æd^y tseegorrættaat
Do you have a light, please?	**Van tüze?**	von tewzæ
Why are you laughing?	**Miért nevet?**	meeayrt nævæt
Is my Hungarian that bad?	**Annyira rosszul beszélek magyarul?**	on^yeero rawsool bæsaylæk mod^yorool
Do you mind if I sit here?	**Ideülhetek?**	eedæewlhætæk
Can I get you a drink?	**Hozhatok egy italt?**	haws-hottawk æd^y eetolt
Are you waiting for someone?	**Vár valakit?**	vaar vollokeet

---

* informal

Are you free this evening?	Szabad ma este?	sobbod mo æshtæ
Would you like to go out with me tonight?	Eljönne velem ma este valahova?	ælyurn-næ vælæm mo æshtæ vollohawvo
Would you like to go dancing?	Lenne kedve táncolni?	læn-næ kædvæ taantsawlnee
I know a good discotheque.	Ismerek egy jó diszkót.	eeshmæræk æd^y yāw deeskāwt
Shall we go to the cinema (movies)?	Menjünk moziba?	mæn^{y}ewnk mawzeebo
Would you like to go for a drive?	Van kedve autózni egyet?	von kædvæ o-ootāwznee æd^{y}æt
Where shall we meet?	Hol találkozzunk?	hawl tollaalkawz-zoonk
I'll pick you up at your hotel.	A szállodájánál felveszem.	o saal-lawdaayaanaal fælvæsæm
I'll call for you at 8.	8-kor magáért jövök.	n^{y}awltskawr moggaa-ayrt yurvurk
May I take you home?	Hazavihetem?	hozzoveehætæm
Can I see you again tomorrow?	Holnap újra láthatom?	hawlnop ōōyro laathotawm
I hope we'll meet again.	Remélem, újra találkozunk.	ræmaylæm ōōyro tollaalkawzoonk

... and you might answer:

I'd love to, thank you.	Szívesen, köszönöm.	sēēvæshæn kursurnurm
Thank you, but I'm busy.	Köszönöm, de sok dolgom van.	kursurnurm dæ shawk dawlgawm von
No, I'm not interested, thank you.	Köszönöm, nem érdekel.	kursurnurm næm ayrdækæl
Leave me alone, please!	Kérem, hagyjon békén!	kayræm hod^{y}awn baykayn
Thank you, it's been a wonderful evening.	Köszönöm, csodálatos este volt.	kursurnurm chawdaa-lotawsh æshtæ vawlt
I've enjoyed myself.	Nagyon jól éreztem magam.	nod^{y}awn yāwl ayræstæm moggom

Shopping guide

This shopping guide is designed to help you find what you want with ease, accuracy and speed. It features:

1. A list of all major shops, stores and services (p. 98).
2. Some general expressions required when shopping to allow you to be specific and selective (p. 100).
3. Full details of the shops and services most likely to concern you. Here you'll find advice, alphabetical lists of items and conversion charts listed under the headings below.

LAUNDRY, see page 29/HAIRDRESSER'S, see page 30

Vásárlási tanácsadó

SHOPPING GUIDE

Vásárlási tanácsadó

Shops, stores and services   *Üzletek, szolgáltatások*

Most shops are open from 10 a.m. to 6 p.m. (department stores from 10 a.m. to 7 p.m.), Monday–Friday, and from 9 a.m. to 2 p.m., Saturdays, without a break. Late-night closing (8 p.m.) is on Thursday. Some tobacconists and most pastry shops also stay open on Sunday. Grocers and dairy shops may open as early as 6 a.m.

Price tags in Hungarian shops show the price you actually pay. No tax is added, and discounts are not negotiable. Intertourist shops, where payment must be made in hard currency, are likely to have a wider range of goods.

Where's the nearest ...?	**Hol a legközelebbi ...?**	hawl o **læg**kurzælæb-bee
antique shop	**régiségkereskedés**	ray**ghee**shaygkæræshkædaysh
art gallery	**képzőművészeti galéria**	kaypzūr**mēw**vaysætee **gol**layreeo
baker's	**pékség**	**payk**shayg
bank	**bank**	bonk
barber's	**borbély**	**bawr**bbay^y
beauty salon	**kozmetikai szalon**	kawz**mæ**teekoee **sol**lawn
bookshop	**könyvesbolt**	kurn^y**væsh**bawlt
butcher's	**hentes**	**hæn**tæsh
camera shop	**fotó szaküzlet**	**faw**tāw **sok**kewzlæt
chemist's	**gyógyszertár**	d^yawd^y**sær**taar
confectioner's	**édességbolt**	ay**dæsh**-shay^ygbawlt
dairy	**tejbolt**	tæ^y**bawlt**
delicatessen	**csemege bolt**	**chæ**mægæ bawlt
dentist	**fogorvos**	**fawg**awrvawsh
department store	**áruház**	**aa**roohaaz
drugstore	**gyógyszertár**	d^yawd^y**sær**taar
dry cleaner's	**vegytisztító**	væd^y**teesteetāw**
electrical goods shop	**elektromos szaküzlet**	ææk**traw**mawsh **sok**kewzlæt
fishmonger's	**halkereskedés**	**hol**kæræshkædaysh
florist's	**virágbolt**	vee**raag**bawlt
furrier's	**szőrmekereskedés**	**sūrr**mækæræshkædaysh
greengrocer's	**zöldséges**	**zurld**shaygæsh
grocer's	**élelmiszerbolt**	**ay**lælmeesærbawlt
hairdresser's (ladies/men)	**fodrászat (női/férfi)**	**faw**draasot (nū̄r-ee/**fayr**free)

hardware store	vasedény bolt	voshædayn^y bawlt
hospital	kórház	kāwrhaaz
ironmonger's	vasáru bolt	voshaaroo bawlt
jeweller's	ékszerbolt	ayksærbawlt
launderette	mosoda/patyolat	mawshawdo/pot^yawlot
laundry	patyolat	pot^yawlot
library	könyvtár	kurn^yvtaar
market	piac	peeots
newsagent's	újságos	ōōyshaagawsh
newsstand	újságos	ōōyshaagawsh
optician	látszerész	laatsærays
pastry shop	cukrászda	tsookraasdo
photographer	fényképész	fayn^ykaypays
police station	rendőrség	rænduūrshayg
post office	posta	pawshto
second-hand shop	bizományi áruház	beezawmaan^yee aaroohaaz
shoemaker's (repairs)	cipész	tseepays
shoe shop	cipőbolt	tseepūrbawlt
shopping centre	bevásárló központ	bævaashaarlāw kurzpawnt
souvenir shop	souvenir bolt	soovæneer bawlt
sporting goods shop	sportszerkereskedés	shpawrtsærkæræshkædaysh
stationer's	papír-írószer bolt	poppeer-eerāwsær bawlt
supermarket	ABC-áruház	aabaytsay-aaroohaaz
sweet shop	édességbolt	aydæsh-shaygbawlt
tailor's	szabó	sobbāw
telegraph office	távíróhivatal	taaveerāwheevottol
tobacconist's	dohánybolt	dawhaan^ybawlt
toy shop	játékbolt	yaataykbawlt
travel agency	utazási iroda	ootozzaashee eerawdo
vegetable store	zöldséges	zurldshaygæsh
veterinarian	állatorvos	aal-lottawrvawsh
watchmaker's	órás	āwraash
wine merchant	bor szaküzlet	bawr sokkewzlæt

BEJÁRAT	ENTRANCE
KIJÁRAT	EXIT
VÉSZKIJÁRAT	EMERGENCY EXIT

General expressions *Általános kifejezések*

Where? *Hol?*

Where's there a good ...?	**Hol van egy jó ...?**	hawl von æd^y y$\overline{aw}$
Where can I find a ...?	**Hol találok ...?**	hawl tollaalawk
Where's the main shopping area?	**Hol a vásárló negyed?**	hawl o vaashaarl$\overline{aw}$ næd^{y}æd
Is it far from here?	**Messze van innen?**	mæs-sæ von een-næn
How do I get there?	**Hogy jutok el oda?**	hawd^y yootawk æl awdo

> KIÁRUSÍTÁS
> SALE

Service *Kiszolgálás*

Can you help me?	**Segítene?**	shægheetænæ
I'm just looking.	**Csak nézelődök.**	chok nayzæl$\overline{u}$rdurk
Do you sell ...?	**Árulnak ...?**	aaroolnok
I'd like to buy ...	**... szeretnék venni.**	... særætnayk væn-nee
I'd like ...	**Szeretnék ...**	særætnayk
Can you show me some ...?	**Mutatna néhány ...?**	moototno nayhaan^y
Do you have any ...?	**Van ...?**	von
Where is the ... department?	**Hol van a ... osztály?**	hawl von o ... awst$\overline{aa}$^{y}
Where's the lift (elevator)/escalator?	**Hol van a lift/ mozgólépcső?**	hawl von o leeft/ mawzg$\overline{aw}$laypch$\overline{u}$r

That one *Azt*

Can you show me ...?	**Megmutatná ...?**	mægmoototnaa
this/that	**ezt/azt**	æst/ost
the one in the window/in the display case	**azt ott a kirakatban/ amelyik ki van téve**	ost awt a keerokkotbon/ omæ^{y}eek kee von tayvæ

Defining the article *Az árucikk leírása*

I'd like a ...	Valami ...-ra/re	vollommee ...-ro/-ræ
one.	van szükségem.	von sewkshaygæm
big	nagy	nod^y
cheap	olcsó	awlchāw
dark	sötét	shurtayt
good	jó	yāw
heavy	nehéz	næhayz
large	nagy	nod^y
light (weight)	könnyű	kurn^{y}ēw
light (colour)	világos	veelaagawsh
oval	ovális	awvaaleesh
rectangular	négyszögletes	nayd^{y}surglætæsh
round	kerek	kæræk
small	kicsi	keechee
square	négyzet alakú	nayd^{y}zæt ollokkōō
sturdy	szilárd	seelaard
I don't want anything too expensive.	Nem valami drága holmira gondolok.	næm vollommee draago hawlmeero gawndawlawk

Choosing *Választás*

Can you show me some others?	Tudna mást mutatni?	toodno maasht moototnee
Don't you have anything ...?	Nincs valami ...?	neench vollommee
cheaper/better	olcsóbb/jobb	awlchāwb/yawb
larger/smaller	nagyobb/kisebb	nod^{y}awb/keeshæb

How much? *Mennyi?*

How much is this?	Mennyibe kerül ez?	mæn^{y}eebæ kærewl æz
How much are they?	Azok mennyibe kerülnek?	ozzawk mæn^{y}eebæ kærewlnæk
I don't understand.	Nem értem.	næm ayrtæm
Please write it down.	Kérem írja le.	kayræm eeryo læ
I don't want to spend more than ... forints.	Nem akarok ... forintnál többet költeni.	næm okkorrawk ... fawreentnaal turb-bæt kurltænee

COLOURS, see page 112

Decision *Döntés*

It's not quite what I want.	**Nem egészen ilyet szeretnék.**	næm ægaysæn eeʸæt særætnayk
No, I don't like it.	**Nem, nem tetszik.**	næm næm tætseek
I'll take it.	**Megveszem.**	mægvæsæm

Ordering *Megrendelés*

Can you order it for me?	**Meg tudná rendelni?**	mæg toodnaa rændælnee
How long will it take?	**Mennyi ideig kell várni?**	mænʸee eedæeeg kæl vaarnee

Delivery *Szállítás*

I'll take it with me.	**Magammal viszem.**	moggom-mol veesæm
Deliver it to the ... Hotel.	**Kérem szállíttassa a ... szállodába.**	kayræm saalleettosh-sho o ... saallawdaabo
Please send it to this address.	**Kérem, küldje erre a címre.**	kayræm kewldyæ ær-ræ o tseemræ
Will I have any difficulty with the customs?	**Nem lesz problémám a vámnál?**	næm læs prawblaymaam o vaamnaal

Paying *Fizetés*

How much is it?	**Mennyibe kerül?**	mænʸeebæ kæ:rewl
Can I pay by traveller's cheque?	**Fizethetek traveller's csekkel?**	feezæthætæk trævællærs chæk-kæl
Do you accept dollars/pounds?	**Elfogadnak dollárt/fontot?**	ælfawgodnok dawl-laart/fawntawt
Do you accept credit cards?	**Hitelkártyát elfogadnak?**	heetælkaartʸaat ælfawgodnok
I think there's a mistake in the bill.	**Azt hiszem hibás a számla.**	ost heesæm heebaash o saamlo

Anything else? *Más valamit?*

No, thanks, that's all.	**Nem, köszönöm, ez minden.**	næm **kur**surnurm æz **meen**dæn
Yes, I'd like ...	**Igen, szeretnék ...**	**ee**gæn sæ**ræt**nayk
Can you show me ...	**Tudna mutatni ...?**	**tood**no **moo**totnee
May I have a bag, please?	**Kaphatnék egy szatyrot?**	**kop**hotnayk æd^y **sot**^yrawt
Could you wrap it up for me, please?	**Becsomagolná, kérem?**	**bæ**chawmoggawlnaa **kay**ræm
May I have a receipt?	**Blokkot kaphatnék?**	**blawk**-kawt **kop**hotnayk

Dissatisfied? *Elégedetlen?*

Can you exchange this, please?	**Kicserélné ezt, kérem?**	keechæraylnay æst kayræm
I want to return this.	**Ezt szeretném kicserélni.**	æst særætnaym keechæraylnee
I'd like a refund.	**Kérem vissza a vételárat.**	kayræm vees-so o vaytælaarot
Here's the receipt.	**Tessék a blokk.**	tæsh-shayk o blawk

🖙	👈
Segíthetek?	Can I help you?
Mit parancsol?	What would you like?
Milyen ... parancsol?	What ... would you like?
színt/formát	colour/shape
Sajnálom, ilyen nincs.	I'm sorry, we don't have any.
Elfogyott.	We're out of stock.
Megrendeljük?	Shall we order it for you?
Elviszi magával, vagy elküldjük?	Will you take it with you or shall we send it?
Más valamit?	Anything else?
... forint lesz.	That's ... forints, please.
A pénztár ott van.	The cash desk is over there.

Bookshop—Stationer's *Könyvesbolt – Papír-írószer bolt*

Books and stationery items are usually sold in separate shops. You'll find newspapers and magazines at newsstands and at post offices. Western dailies and news magazines are available at major hotels and some kiosks in the capital.

Where's the nearest ...?	Hol a legközelebbi ...?	hawl o lægkurzælæb-bee
bookshop	könyvesbolt	kurn^yvæshbawlt
stationer's	papír-írószer bolt	poppeer-eerawsær bawlt
newsstand	újságos	ooyshaagawsh
Where can I buy an English-language newspaper?	Hol kaphatok angol nyelvű újságot?	hawl kophottawk ongawl n^yælvew ooyshaagawt
Where's the guide-book section?	Merre vannak az úti-könyvek?	mær-ræ von-nok oz ootee-kurn^yvæk
Where do you keep the English books?	Hol tartják az angol nyelvű könyveket?	hawl tortyaak oz ongawl n^yælvew kurn^yvækæt
Have you any of ...'s books in English?	Nincs meg véletlenül ... könyve angolul?	neench mæg vaylætlænewl ... kurn^yvæ ongawlool
Do you have second-hand books?	Antikvár könyvet tartanak?	onteekvaar kurn^yvæt tortonnok
Do you have American magazines?	Vannak amerikai folyóiratok?	vonnok ommæreekoee fawyawweerottawk
I want to buy a/an/ some ...	Szeretnék ... venni.	særætnayk ... væn-nee
address book	egy címregisztert	æd^y tseemrægheestært
adhesive tape	ragasztószalagot	roggostawsollogawt
ball-point pen	egy golyóstollat	æd^y gawyawshtawllot
book	egy könyvet	æd^y kurn^yvæt
calendar	egy naptárt	æd^y noptaart
carbon paper	indigót	eendeegawt
coloured pencils	színes ceruzát	seenæsh tsæroozaat
crayons	zsírkrétát	zheerkraytaat
detective story (thriller)	egy krimit	æd^y kreemeet
dictionary	szótárt	sawtaart
Hungarian-English	magyar-angol	mod^yor-ongawl
pocket	zseb	zhæb

drawing paper	rajzlapot	royzloppawt
drawing pins	rajzszöget	royzsurgæt
envelopes	borítékot	bawrēētaykawt
eraser	radírt	roddēert
exercise book	egy füzetet	ædᵛ fewzætæt
felt-tip pen	filctollat	feeltstawllot
fountain pen	egy töltőtollat	ædᵛ turltūrtawllot
glue	ragasztót	roggostāwt
grammar book	nyelvtankönyvet	nᵛælvtonkurnᵛvæt
guidebook	útikalauzt	ōōteekollo-oozt
ink	tintát	teentaat
black/red/blue	fekete/piros/kék	fækætæ/peerawsh/kayk
(adhesive) labels	(öntapadós) címkét	(urntoppoddāwsh) tsēēmkayt
magazine	egy folyóiratot	ædᵛ fawyāweerottawt
map	egy térképet	ædᵛ tayrkaypæt
street map	egy várostérképet	ædᵛ vaarawshtayrkaypæt
road map of ...	egy ... autó-térképet	ædᵛ ... o-ootāwtayr-kaypæt
mechanical pencil	egy töltőceruzát	ædᵛ turltūrtsæroozaat
newspaper	egy újságot	ædᵛ ōōyshaagawt
American/English	amerikai/angol	ommæreekoee/ongawl
notebook	egy jegyzettömböt	ædᵛ yædᵛzætturmburt
note paper	írólapot	ēērawloppawt
paintbox	egy festékdobozt	ædᵛ fæshtaykdawbawzt
paintbrush	egy ecsetet	ædᵛ æchætæt
paper	papírt	poppēērt
paperback	egy zsebkönyvet	ædᵛ zhæbkurnᵛvæt
paperclips	gemkapcsot	gæmkopchawt
paper napkins	papírszalvétát	poppēērsolvaytaat
paste	ragasztót	roggostawt
pen	egy tollat	ædᵛ tawl-lot
pencil	egy ceruzát	ædᵛ tsæroozaat
pencil sharpener	egy hegyezőt	ædᵛ hædᵛæezurt
playing cards	kártyát	kaartᵛaat
pocket calculator	zsebszámológépet	zhæbsaamawlāwgaypæt
propelling pencil	töltőceruzát	turltūrtsæroozaat
refill (for a pen)	egy tollbetétet	ædᵛ tawlbætaytæt
rubber	egy radírt	ædᵛ roddēert
ruler	egy vonalzót	ædᵛ vawnolzāwt
staples	U-kapcsokat	oo-kopchawkot
string	zsineget	zheenægæt
thumbtacks	rajzszeget	roysægæt
travel guide	útikalauz	ōōteekollo-oost
typewriter ribbon	írógépszalagot	ēērāwgaypsolloggawt
typing paper	géppapírt	gayppoppēērt
wrapping paper	csomagolo papírt	chawmoggawlāw poppēērt
writing pad	egy jegyzettömböt	ædᵛ yædᵛzætturmburt

Camping and sports equipment *Kemping- és sportfelszerelés*

| I'd like a/an/some ... | ... szeretnék. | ... særætnayk |
| I'd like to hire a/an/some ... | ... szeretnék bérelni. | ... særætnayk bayrælnee |

air bed (mattress)	egy gumimatracot	ædᵞ **goo**meemotrotsawt
backpack	egy hátizsákot	ædᵞ **haa**teezhaakawt
butane gas	butángáz palackot	**boo**taangaaz **pol**lotskawt
campbed	egy kempingágyat	ædᵞ **kæm**peengaadᵞot
(folding) chair	egy (kemping)széket	ædᵞ **kæm**peengsaykæt
charcoal	faszenet	**fos**ænæt
compass	egy iránytűt	ædᵞ **eer**aanᵞtēwt
cool box	egy hűtőládát	ædᵞ **hēw**tūrlaadaat
deck chair	egy nyugágyat	ædᵞ **n**ᵞoogaadᵞot
fishing tackle	horgászfelszerelést	**hawr**gaasfælsærælaysht
flashlight	egy zseblámpát	ædᵞ **zhæb**laampaat
groundsheet	egy sátorlapot	ædᵞ **shaa**tawrloppawt
hammock	egy függőágyat	ædᵞ **fewg**-gūr-aadᵞot
ice pack	egy hűtőtáskát	ædᵞ **hēw**tūrtaashkaat
insect spray (killer)	egy rovarirtó sprayt	ædᵞ **raw**vorreertaw sprayt
kerosene	petróleumot	**pæt**rāwlæoomawt
lamp	egy lámpát	ædᵞ **laam**paat
lantern	egy lámpást	ædᵞ **laam**paasht
mallet	egy kalapácsot	ædᵞ **kol**loppaachawt
matches	gyufát	dᵞoo**faat**
mattress	egy matracot	ædᵞ **mot**rotsawt
mosquito net	egy szúnyoghálót	ædᵞ **soon**ᵞawghaalāwt
padlock	egy lakatot	ædᵞ **lok**kottawt
paraffin	petróleumot	**pæt**rāwlæoomawt
penknife	egy zsebkést	ædᵞ **zhæb**kaysht
picnic basket	egy kosarat	ædᵞ **kaw**shorrot
pump	egy pumpát	ædᵞ **poom**paat
rope	egy kötelet	ædᵞ **kurt**ælæt
rucksack	egy hátizsákot	ædᵞ **haa**teezhaakawt
skiing equipment	egy sífelszerelést	ædᵞ **shee**fælsærælaysht
skin-diving equipment	egy búvárfelszerelést	ædᵞ **bōō**vaarfælsærælaysht
sleeping bag	egy hálózsákot	ædᵞ **haal**āwzhaakawt
(folding) table	egy (kemping)asztalt	ædᵞ (**kæm**peeng)ostolt
tent	egy sátrat	ædᵞ **shaa**trot
tent pegs	sátorcövekeket	**shaa**tawrtsurvækækæt
tent pole	sátorcölöpöket	**shaa**tawrtsurlurpurkæt
torch	egy zseblámpát	ædᵞ **zhæb**laampaat
waterflask	egy kulacsot	ædᵞ **koo**lochawt

CAMPING, see page 32

Vásárlási tanácsadó

Chemist's (drugstore) *Gyógyszertár*

In Hungarian, the name for a chemist's shop, or drugstore, is *patika* (**po**tteeko) or *gyógyszertár* (**d**ᵛ**a̅w̅d**ᵛsæertaar). Their range of wares is restricted to pharmaceutical and related products—they do not sell the wide range of goods found in most British or American pharmacies.

Outside normal hours, pharmacies open on a rota basis—in larger centres there will always be at least one on night and weekend duty. An illuminated sign in each pharmacy window tells you where you can get service after hours.

For cosmetics and toiletries, go to an *illatszerbolt* (**eel**-lotsæerbawlt), and for photo supplies, to a *fotószaküzlet* (**faw**ta̅wsokewzlæt).

This section is divided into two parts:

1 Medicine, first aid, etc.
2 Toilet articles, cosmetics, etc.

General *Általánosságok*

Where's the nearest (all-night) chemist's?	**Hol a legközelebbi (éjszakai) gyógyszertár?**	hawl o læegkurzælæb-bee (ayᵛsokkoee) dᵛawdᵛsæertaar
What time does the chemist's open/close?	**Mikor nyit/zár a gyógyszertár?**	meekawr nᵛeet/zaar o dᵛa̅w̅dᵛsæertaar

1-Pharmaceutical *Orvosságok*

I'd like something for ...	**Kérek valamit ... ellen.**	kayræk vollommeet ... æl-læn
a cold/a cough	**nátha/köhögés**	naatho/kurhurgaysh
hay fever	**szénanátha**	saynonnaat-ho
insect bites	**rovarcsípések**	rawvorcheepayshæk
sunburn	**leégés**	læaygaysh
travel sickness	**hányinger**	haanᵛeengær
an upset stomach	**gyomorrontás**	dᵛawmawr-rawntaash
Can you prepare this prescription for me?	**El tudná készíteni ezt a receptet nekem?**	æl toodnaa kayseetænee æst o rætsæptæt nækæm

DOCTOR, see page 137

Can I get it without a prescription?	**Megkaphatom recept nélkül?**	mægkophottawm rætsæpt naylkewl
Shall I wait?	**Megvárjam?**	mægvaaryom
Can I have a/an/ some ...?	**Kaphatok ...?**	kophottawk
analgesic	**érzéstelenítőt**	ayrzayshtælæneetūrt
antiseptic cream	**fertőtlenítő kenőcsöt**	færtūrtlæneetūr kænūrchurt
aspirin	**aszpirint**	ospeereent
bandage	**kötszert**	kurtsært
elastic bandage	**rugalmas fáslit**	roogolmosh faashleet
Band-Aids	**sebtapaszt**	shæbtoppost
condoms	**óvszert**	āwvsært
contraceptives	**fogamzásgátlót**	fawgomzaashgaatlāwt
corn plasters	**tyúkszemirtót**	tʸooksæmeertāwt
cotton wool (absorbent cotton)	**vattát**	vot-taat
cough drops	**köhögés elleni cukorkát**	kurhurgaysh æl-lænee tsookawrkaat
disinfectant	**fertőtlenítőt**	færtūrtlæneetūrt
ear drops	**fülcseppeket**	fewlchæp-pækæt
Elastoplast	**sebtapaszt**	shæbtoppost
eye drops	**szemcseppet**	sæmchæp-pæt
first-aid kit	**elsősegély-ládát**	ælshūrshægayʸ-laadaat
gauze	**gézt**	gayst
insect repellent	**rovarirtót**	rawvorreertawt
iodine	**jódot**	yāwdawt
laxative	**hashajtót**	hoshhoytawt
mouthwash	**szájvizet**	saayveezæt
nose drops	**orrcseppet**	awrchæp-pæt
sanitary towels	**betétet**	bætaytæt
sleeping pills	**altatót**	oltottawt
suppositories	**kúpot**	koopawt
... tablets	**... tablettát**	... toblæt-taat
tampons	**tampont**	tompawnt
thermometer	**hőmérőt**	hūrmayrūrt
throat lozenges	**torokfájás elleni cukorkát/negrót**	tawrawkfaayaash æl-lænee tsookawrkaat/nægrāwt
tranquillizers	**nyugtatót**	nʸoogtottāwt
vitamin pills	**vitamint**	veetommeent

MÉREG	POISON
CSAK KÜLSŐLEG	FOR EXTERNAL USE ONLY

2—Toiletry *Kozmetikumok*

I'd like a/an/some ...	**Kérnék ...**	kayrnayk
acne cream	**pattanás elleni kenőcsöt**	pottonnaash æl-lænee kænūrchurt
after-shave lotion	**borotválkozás utáni arcszeszt**	bawrawtvaalkawzaash ootaanee orts-sæst
astringent	**timsót**	teemshāwt
bath salts	**fürdősót**	fewrdūrshāwt
blusher (rouge)	**rúzst**	ruuzht
bubble bath	**fürdőhabot**	fewrdūrhobbawt
cream	**krémet**	kraymæt
cleansing cream	**tisztító krémet**	teesteetāw kraymæt
foundation cream	**alapozót**	olloppawzāwt
moisturizing cream	**hidratáló krémet**	heedrottaalāw kraymæt
night cream	**éjszakai krémet**	ay^ysokkoee kraymæt
cuticle remover	**bőreltávolítót**	būrræltaavawleetawt
deodorant	**dezodort**	dæzawdawrt
depilatory cream	**szőrtelenítőt**	sūrrtælæneetūrt
emery board	**egy körömreszelőt**	æd^y kurrurm ræsælūrt
eyebrow pencil	**egy szemöldökceruzát**	æd^y sæmurldurktsæroozaat
eyeliner	**egy szemceruzát**	æd^y sæmtsæroozaat
eye shadow	**egy szemfestéket**	æd^y sæmfæshtaykæt
face powder	**egy púdert**	æd^y poodært
foot cream	**egy lábkenőcsöt**	æd^y laabkænurchūrt
hand cream	**egy kézkrémet**	æd^y kayskraymæt
lipsalve	**egy szőlőzsírt**	æd^y sūrlūrzheert
lipstick	**egy rúzst**	æd^y rōōzht
make-up remover pads	**make-up eltávolítót**	make-up æltaavawleetāwt
nail brush	**egy körömkefét**	æd^y kurrurmkæfayt
nail clippers	**egy körömollót**	æd^y kurrurmawlawt
nail file	**egy körömreszelőt**	æd^y kurrurm ræsælūrt
nail polish	**egy körömlakkot**	æd^y kurrurmlokkawt
nail polish remover	**egy körömlakk lemosót**	æd^y kurrurmlokk læmawshāwt
nail scissors	**egy körömollót**	æd^y kurrurmawlāwt
perfume	**kölnit**	kurlneet
powder	**púdert**	pōōdært
powder puff	**egy púderpamacsot**	æd^y pōōdærpommochawt
razor	**egy borotvát**	æd^y bawrawtvaat
razor blades	**borotvapengét**	bawrawtvoppængayt
rouge	**egy rúzst**	æd^y rōōzht
safety pins	**biztosítótűt**	beestawsheetāwtēwt
shaving brush	**egy borotvapamacsot**	æd^y bawrawtvopommochawt

shaving cream	egy borotvakrémet	æd^y bawrawtvokraymæt
soap	szappant	soppont
sponge	egy szivacsot	æd^y seevochawt
sun-tan cream	napozókrémet	noppawzawkraymæt
sun-tan oil	napolajat	noppawloyot
talcum powder	púdert	poodært
tissues	papírzsebkendőt	poppeerzhæbkændūrt
toilet paper	W.C. papírt	vaytsay poppeert
toilet water	kölnivizet	kurlneeveezæt
toothbrush	egy fogkefét	æd^y fawgkæfayt
toothpaste	egy fogkrémet	æd^y fawgkraymæt
towel	egy törülközőt	æd^y turrewlkurzūrt
tweezers	egy csipeszt	æd^y cheepæst

For your hair Hajgondozáshoz

barrette	egy hajcsatot	æd^y hoychottawt
bobby pins	hajcsatokat	hoychottawkot
colour shampoo	bemosó sampont	bæmawshaw shompawnt
comb	egy fésűt	æd^y fayshēwt
curlers	hajcsavarokat	hoychovvorrawkot
dry shampoo	szárazsampont	saaroz-shompawnt
dye	hajfestéket	hoyfæshtaykæt
hairbrush	egy hajkefét	æd^y hoykæfayt
hair gel	hajzselét	hoyzhælayt
hairgrips	hajcsatokat	hoychotawkot
hair lotion	hajbalzsamot	hoybolzhommawt
hairpins	hajtűket	hoytēwkæt
hair slide	hajcsatot	hoychottawt
hair spray	hajlakkot	hoylokkawt
setting lotion	fixatőrt	feexottūrrt
shampoo	sampont	shompawnt
for dry/greasy	száraz/zsíros	saaroz/zheerawsh
(oily) hair	hajra	hoyro
tint	festéket	fæshtaykæt
wig	egy parókát	æd^y porrāwkaat

For the baby A kisbabának

baby food	bébiételt	baybee-aytælt
dummy (pacifier)	egy cumit	æd^y tsoomeet
feeding bottle	egy cumisüveget	æd^y tsoomeeshewvægæt
nappies (diapers)	pelenkákat	pælænkaakot

Clothing *Ruházkodás*

If you want to buy something specific, prepare yourself in advance. Look at the list of clothing on page 115. Get some idea of the colour, material and size you want. They're all listed on the next few pages.

General *Általánosságok*

I'd like ...	**Szeretnék ...**	særætnayk
I'd like ... for a 10-year-old boy/girl.	**Egy ...-t szeretnék. 10 éves fiú/kislány részére.**	ædy ...-t særætnayk teez ayvæsh feeoo/ keeshlaany raysayræ
I'd like something like this.	**Valami ilyesmit szeretnék.**	vollommee eeyæshmeet særætnayk
I like the one in the window.	**Az tetszik, ami a kirakatban van.**	oz tætseek ommee o keerokkotbon von
How much is that per metre?	**Mennyibe kerül métere?**	mænyeebæ kærewl maytæræ

1 centimetre (cm) =	0.39 in.	1 inch =	2.54 cm
1 metre (m)	= 39.37 in.	1 foot =	30.5 cm
10 metres	= 32.81 ft.	1 yard =	0.91 m

Colour *Szín*

I'd like something in ...	**Valami ... színűt szeretnék.**	vollommee ... seenēwt særætnayk
I'd like a darker/ lighter shade.	**Valami sötétebbet/ világosabbat szeretnék.**	vollommee shurtaytæb-bæt/veelaagawshob-bot særætnayk
I'd like something to match this.	**Valami ehhez illőt keresek.**	vollommee æh-hæz eel-lūrt kæræshæk
I don't like the colour.	**Nem tetszik a színe.**	næm tætseek o seenæ

NUMBERS, see page 147

beige	drapp/beige	drop
black	fekete	fækætæ
blue	kék	kayk
brown	barna	borno
golden	aranyszínű	orron^yseenēw
green	zöld	zurild
grey	szürke	sewrkæ
mauve	mályvaszínű	maa^yvosseenēw
orange	narancssárga	noronch-shaargo
pink	rózsaszín	rāwzhosseen
purple	bordó	bawrdāw
red	piros	peerawsh
scarlet	skarlátvörös	shkorlaatvurrursh
silver	ezüstszínű	æzewshtseenēw
turquoise	türkiz	tewrkeez
white	fehér	fæhayr
yellow	sárga	shaargo
light ...	világos ...	veelaagawsh
dark ...	sötét ...	shurtayt

sima
(sheemo)

csíkos
(cheekawsh)

pöttyös
(purt^yursh)

kockás
(kawtskaash)

mintás
(meentaash)

Fabric *Szövet*

Do you have anything in ...?	Van valami ...?	von vollommee
Is that ...?	Az ...?	oz
handmade	kéziszövésű	kayzeesurvayshēw
imported	import	eempawrt
made here	belföldi gyártású	bælfurldee d^yaartaashoo
I'd like something thinner.	Valami vékonyabbat szeretnék.	vollommee vaykawn^yob-bot særætnayk
Do you have anything of better quality?	Van valami jobb minőségű?	von vollommee yawb meenūrshaygēw

What's it made of?	**Miből készült?**	meebūrl kaysewlt
cambric	**vászon**	vaasawn
camel-hair	**teveszőr**	tævæsūrr
chiffon	**sifon**	sheefawn
corduroy	**kordbársony**	kawrdbaarshawn^y
cotton	**pamut**	pommoot
crepe	**krepp**	kræp
denim	**pamutvászon**	pommootvaasawn
felt	**filc**	feelts
flannel	**flanel**	flonnæl
gabardine	**gabardin**	gobbordeen
lace	**csipke**	cheepkæ
leather	**bőr**	būrr
linen	**vászon**	vaasawn
poplin	**puplin/ballon**	poopleen/bollawn
satin	**szatén**	sottayn
silk	**selyem**	shæ^yæm
suede	**antilopbőr**	onteelawpbūrr
towelling	**frottír**	frawteer
velvet	**bársony**	baarshawn^y
velveteen	**gyapjúbársony**	d^yopyōōbaarshawn^y
wool	**gyapjú**	d^yopyōō
worsted	**kamgarn-szövet**	komgorn-survæt

Is it ...?	**Ez ...?**	æz
pure cotton/wool	**tiszta pamut/gyapjú**	teesto pommoot/d^yopyōō
synthetic	**szintetikus**	seentæteekoosh
colourfast	**színtartó**	sēēntortāw
crease resistant (wrinkle-free)	**gyűrődésmentes**	d^yēwrūrdayshmæntæsh
Is it hand washable/ machine washable?	**Kézzel/Géppel mosható?**	kayz-zæl/gayp-pæl mawsh-hottāw
Will it shrink?	**Összemegy?**	urs-sæmæd^y

Size *Méret*

I take size 38.	**38-as méretet hordok.**	38-osh mayrætæt hawrdawk.
Could you measure me?	**Meg tudna mérni?**	mæg toodno mayrnee
I don't know the Hungarian sizes.	**Nem ismerem a magyar méreteket.**	næn eeshmæræm o mod^yor mayrætækæt

SHOPPING GUIDE

Sizes can vary somewhat from one manufacturer to another, so be sure to try on shoes and clothing before you buy.

Women *Nők*

Dresses/Suits					
American	8	10	12	14	16	18
British	10	12	14	16	18	20
Hungarian	36	38	40	42	44	46

Stockings							Shoes			
American	8	8½	9	9½	10	10½	5½	6½	7½	8½
British	4		5		6	7				
Hungarian	0	1	2	3	4	5	37	38	39	40

Men *Férfiak*

Suits/Overcoats							Shirts			
American } British	36	38	40	42	44	46	15	16	17	18
Hungarian	46	48	50	52	54	56	38	41	43	45

Shoes							
American } British	5	6	7	8	9	10	11
Hungarian	38	39	41	42	43	44	45

Vásárlási tanácsadó

A good fit? *Jó a méret?*

Can I try it on?	**Felpróbálhatom?**	fælpr**aw**baalhottawm
Where's the fitting room?	**Hol a próbafülke?**	hawl o pr**aw**boffewlkæ
Is there a mirror?	**Van tükör?**	von **tew**kurr
It fits very well.	**Nagyon jól áll.**	nod^yawn y**aw**l aal
It doesn't fit.	**Nem jó.**	næm y**aw**

NUMBERS, see page 147

It's too ...	Túl ...	tool
short/long	rövid/hosszú	rurveed/haws-soo
tight/loose	szűk/bő	sēwk/bur
How long will it take to alter?	Mennyi ideig tart átalakítani?	mæn^Yee eedæeeg tort aatollokkeetonnee

Clothes and accessories   *Ruhaneműk és kiegészítők*

I would like a/an/some ...	Szeretnék ...	særætnayk
anorak	egy dzsekit	æd^Y dzhækeet
bathing cap	egy fürdősapkát	æd^Y fewrdūrshopkaat
bathing suit	egy fürdőruhát	æd^Y fewrdūrroohaat
bathrobe	egy fürdőköpenyt	æd^Y fewrdūrkurpæn^Yt
blouse	egy blúzt	æd^Y bloozt
bow tie	egy csokornyak-kendőt	æd^Y chawkawrn^Yok-kændūrt
bra	egy melltartót	ædy mæltortāwt
braces	egy nadrágtartót	æd^Y nodraagtortāwt
cap	egy sapkát	æd^Y shopkaat
cardigan	egy kardigánt	æd^Y kordeegaant
coat	egy kabátot	æd^Y kobbaatawt
dress	egy ruhát	æd^Y roohaat
with long sleeves	hosszú ujjút	haws-soo oo^Yyōōt
with short sleeves	rövid ujjút	rurveed oo^Yyōōt
sleeveless	ujjatlant	oo^Yyotlont
dressing gown	egy pongyolát	æd^Y pawnd^Yawlaat
evening dress (woman's)	egy estélyi ruhát	æd^Y æshtay^Yee roohaat
girdle	egy övet	æd^Y urvæt
gloves	kesztyűt	kæst^Yēwt
handbag	egy táskát	æd^Y taashkaat
handkerchief	egy zsebkendőt	æd^Y zhæbkændūrt
hat	egy kalapot	æd^Y kolloppawt
jacket	egy zakót/blézert	æd^Y zokkawt/blayzært
jeans	egy farmert	æd^Y formært
jumper (Br.)	egy pulóvert	æd^Y poolawvært
kneesocks	egy pár térdzoknit	æd^Y paar tayrdzawkneet
nightdress	egy hálóinget	æd^Y haalaweengæt
overalls	egy overallt	æd^Y awværaalt
pair of ...	egy pár ...	æd^Y paar
panties	egy bugyit	æd^Y bood^Yeet
pants (Am.)	egy nadrágot	æd^Y nodraagawt
panty girdle	egy harisnyatartót	æd^Y horreeshn^Yottortāwt
panty hose	harisnyanadrágot	horreeshn^Yonnodraagawt

parka	egy dzsekit	æd^y dzhækeet
pullover	egy pulóvert	ædy poolāᵛvært
crew-neck	kereknyakú pulóvert	kærækn^yokkōō poolāᵛvært
polo (turtle)-neck	egy garbót	æd^y gorbāᵛt
V-neck	V-nyakú pulóvert	vay-n^yokōō poolāᵛvært
pyjamas	egy pizsamát	æd^y peezhommaat
raincoat	egy esőkabátot	æd^y æshūrkobbaatawt
scarf	egy sálat	æd^y shaalot
shirt	egy inget	æd^y eengæt
shorts	egy sortot	æd^y shawrtawt
skirt	egy szoknyát	æd^y sawkn^yaat
slip	egy kombinét	æd^y kawmbeenayt
socks	egy pár zoknit	æd^y paar zawkneet
sportswear	sportöltözéket	shpawrturlturzaykæt
stockings	egy pár harisnyát	æd^y paar horreeshn^yaat
suit (man's)	egy öltönyt	æd^y urlturn^yt
suit (woman's)	egy kosztümöt	æd^y kawstewmurt
suspenders (Am.)	egy nadrágtartót	æd^y nodraagtortāᵛt
sweater	egy pulóvert	æd^y poolāᵛvært
sweatshirt	egy hosszújujjú pólót	æd^y haws-soo^yyōō pāᵛlāᵛt
swimming trunks	egy úszónadrágot	æd^y ōōsāᵛnodraagawt
swimsuit	egy fürdőruhát	æd^y fewrdūūroohaat
T-shirt	egy pólót	æd^y pāᵛlāᵛt
tie	egy nyakkendőt	æd^y n^yok-kændūrt
tights	egy pár harisnya-nadrágot	æd^y paar horreeshn^yo-nodraagawt
tracksuit	egy melegítőt	æd^y mælægheetūrt
trousers	egy nadrágot	æd^y nodraagawt
umbrella	egy esernyőt	æd^y æshærn^yūrt
underpants	egy alsónadrágot	æd^y olshāᵛwnodraagawt
undershirt	egy atlétatrikót	æd^y otlaytotreekāᵛt
vest (Am.)	egy mellényt	æd^y mællayn^yt
vest (Br.)	egy atlétatrikót	æd^y otlaytotreekāᵛt
waistcoat	egy mellényt	æd^y mæl-layn^yt

belt	öv	urv
buckle	csat	chot
button	gomb	gawmb
collar	gallér	gol-layr
pocket	zseb	zhæb
press stud (snap fastener)	patentgomb	pottæntgawmb
zip (zipper)	cipzár	tseepzaar

Shoes *Cipő*

I'd like a pair of ...	**Egy pár ... szeretnék.**	ædⁿ paar ... særætnayk
boots	**csizmát**	cheezmaat
lined/unlined	**bélelt/béleletlen**	baylælt/baylælætlæn
moccasins	**mokasszint**	mawkos-seent
plimsolls (sneakers)	**tornacipőt**	tawrnotseepūrt
sandals	**szandált**	sondaalt
shoes	**cipőt**	tseepūrt
flat	**lapossarkú**	loppawsh-shorkōō
with a heel	**magassarkú**	moggosh-shorkōō
with leather soles	**bőrtalpú**	būrrtolpōō
with rubber soles	**gumitalpú**	goomeetolpōō
slippers	**papucsot**	poppoochawt
These are too ...	**Ez túl ...**	æz tōōl
narrow/wide	**keskeny/széles**	kæshkænⁿ/saylæsh
big/small	**nagy/kicsi**	noodⁿ/keechee
Do you have a larger/smaller size?	**Van nagyobb/kisebb méretben?**	von nodⁿawb/keeshæb mayrætbæn
Do you have the same in black?	**Van ugyanilyen feketében?**	von oodⁿ onneeⁿæn fækætaybæn
cloth	**vászonból**	vaasawnbāwl
leather	**bőrből**	būrrbūrl
rubber	**gumiból**	goomeebāwl
suede	**antilopbőrből**	onteelawpbūrrbūrl
Is it real leather?	**Ez valódi bőrből van?**	æz vollawdee būrrbūrl von
I need some shoe polish/shoelaces.	**Egy doboz cipőkrémet/Egy pár cipőfűzőt kérek.**	ædⁿ dawbawz tseepūrkraymæt/ædⁿ paar tseepūrfēwzūrt kayræk

Shoes worn out? Here's the key to getting them fixed again:

Can you repair these shoes?	**Meg tudná javítani ezt a cipőt?**	mæg toodnaa yovveetonnee æst o tseepūrt
Can you stitch this?	**Meg tudja varrni?**	mæg toodyo vornee
I want new soles and heels.	**Új talpat és sarkat kérek.**	ōōⁿ tolpot aysh shorkot kayræk
When will they be ready?	**Mikorra lesz készen?**	meekawr-ro læs kaysæn

COLOURS, see page 112

Electrical appliances *Elektromos készülékek*

In Hungary, 220 volts, 50 cps, AC current is universal. Plugs are different from American and British ones. Don't forget to take an adaptor with you.

What's the voltage?	**Mennyi a feszültség?**	mæn^yee o fæsewltshayg
Do you have a battery for this?	**Van ebbe való elemük?**	von æb-bæ vollāw ælæmewk
This is broken. Can you repair it?	**Ez eltörött. Meg tudná javítani?**	æz æelturrurt. mæg toodnaa yovveetonnee
Can you show me how it works?	**Meg tudná mutatni hogy működik?**	mæg toodnaa moototnee hawd^y mēwkurdeek
How do I switch it on?	**Hogy kell bekapcsolni?**	hawd^y kæl bækopchawlnee
I'd like (to hire) a video cassette.	**Szeretnék egy videokazettát (kölcsönözni).**	særætnayk æd^y veedæawkozzæt-taat (kurlchurnurznee)
I'd like a/an/some ...	**Szeretnék ...**	særætnayk
adaptor	**egy adaptert**	æd^y oddoptært
amplifier	**egy erősítőt**	æd^y ærūrsheetūrt
bulb	**egy villanykörtét**	æd^y veel-lon^ykurrtayt
clock-radio	**egy órás rádiót**	æd^y āwraash raadeeāwt
electric toothbrush	**egy elektromos fogkefét**	æd^y ælæktrawmawsh fawgkæfayt
extension lead (cord)	**egy hosszabbítót**	æd^y haws-sob-beetāwt
hair dryer	**egy hajszárítót**	æd^y hoysaareetāwt
headphones	**egy fülhallgatót**	æd^y fewlholgottāwt
(travelling) iron	**egy (utazó) vasalót**	æd^y (ootozzaw) voshollāwt
lamp	**egy lámpát**	æd^y laampaat
plug	**egy dugót**	æd^y doogāwt
portable ...	**hordozható ...**	hawrdawz-hottāw
radio	**egy rádiót**	æd^y raadeeāwt
car radio	**autórádiót**	o-ootawraadeeāwt
(cassette) recorder	**egy (kazettás) magnót**	æd^y (kozzæt-taash) mognāwt
record player	**egy lemezjátszót**	æd^y læmæzyaatsāwt
shaver	**egy borotvát**	æd^y bawrawtvaat
speakers	**hangfalakat**	hongfollokkot
(colour) television	**egy (színes) televíziót**	æd^y (seenæsh) tælæveezeeāwt
transformer	**egy transzformátort**	æd^y tronsfawrmaatawrt
video-recorder	**egy videomagnót**	æd^y veedæawmognāwt

Grocer's *Élelmiszerüzlet*

I'd like some bread, please.	**Kérek egy kenyeret.**	kayræk æd^y kæn^yæræt
What sort of cheese do you have?	**Milyen fajta sajt van?**	mee^yæn foyto shoyt von
A piece of ...	**... kérek egy darabot.**	... kayræk æd^y dorrobbawt
that one	**Abból**	ob-bāwl
the one on the shelf	**Abból, ami a polcon van**	ob-bāwl ommee o pawltsawn von
I'll have one of those, please.	**Abból kérek egyet.**	ob-bāwl kayræk æd^yæt
May I help myself?	**Kiszolgálhatom magam?**	keesawlgaalhottawm moggom
I'd like ...	**Kérek ...**	kayræk
a kilo of apples	**egy kiló almát**	æd^y keelāw olmaat
half a kilo of tomatoes	**egy fél kiló paradicsomot**	æd^y fayl keelāw porroddeechawmawt
100 g of butter	**10 dkg vajat**	10 dæka voyot
a litre of milk	**egy liter tejet**	æd^y leetær tæyæt
half a dozen eggs	**6 tojást**	hot tawyaasht
4 slices of ham	**4 szelet sonkát**	4 sælæt shawnkaat
a packet of tea	**egy csomag teát**	æd^y chawmog tæaat
a jar of jam	**egy üveg lekvárt**	æd^y ewvæg lækvaart
a tin (can) of peaches	**egy őszibarack konzervet**	æd^y ūrseeborrotsk kawnzærvæt
a tube of mustard	**egy tubus mustárt**	æd^y tooboosh mooshtaart
a box of chocolates	**egy doboz csokoládét**	æd^y dawbawz chawkawlaadayt

---

1 kilogram or kilo (kg.) = 1000 grams (g.)

| 100 g. = 3.5 oz. | ½ kg. = 1.1 lbs. |
| 200 g. = 7.0 oz. | 1 kg. = 2.2 lbs. |

1 oz. = 28.35 g.
1 lb. = 453.60 g.

---

1 litre (l.) = 0.88 imp. quarts = 1.06 U.S. quarts

| 1 imp. quart = 1.14 l. | 1 U.S. quart = 0.95 l. |
| 1 imp. gallon = 4.55 l. | 1 U.S. gallon = 3.8 l. |

FOOD, see also page 63

Household articles   *Háztartási cikkek*

bottle opener	**sörnyitó**	shurrn^yeetāw
bucket	**vödör**	vurdurr
can opener	**konzervnyitó**	kawnzærv^veetāw
candles	**gyertyák**	d^yært^yaak
clothes pegs	**ruhacsipeszek**	roohocheepæssæk
corkscrew	**dugóhúzó**	doogāwhōōzāw
food box	**ételdoboz**	aytældawbawz
frying pan	**serpenyő**	shærpæn^yūr
paper napkins	**papírszalvéta**	poppeersolvayto
paper towel	**papírtörölköző**	poppeerturrurlkurzūr
plastic bags	**nylon szatyor**	næ^ylawn sot^yawr
saucepan	**nyeles serpenyő**	n^yælæsh shærpæn^yūr
tea towel	**konyharuha**	kawn^yhorrooho
tinfoil	**alufólia**	olloofāwleeo
tin opener	**konzervnyitó**	kawnzærvn^yeetāw
vacuum flask	**termosz**	tærmaws
washing powder	**mosószer**	mawshāwsær
washing-up liquid	**mosogatószer**	mawshawgottāwsaer
hammer	**kalapács**	kolloppaach
nails	**szög**	surg
pliers	**fogó**	fawgāw
screws	**csavarok**	chovvorrawk
screwdriver	**csavarhúzó**	chovvorhōōzāw
spanner	**villáskulcs**	veel-laashkoolch
tools	**szerszámok**	særsaamawk

Crockery   *Edények*

cups	**csészék**	chaysayk
mugs	**bögrék**	burgrayk
plates	**tányérok**	taan^yayrawk
saucers	**kistányérok**	keeshtaan^yayrawk

Cutlery (Flatware)   *Evőeszköz*

forks	**villák**	veel-laak
knives	**kések**	kashæk
spoons	**kanalak**	konnollok
teaspoons	**kávéskanál**	kaavayshkonnaal
plastic	**műanyag**	mēwon^yog
stainless steel	**rozsdamentes acél**	rawzhdommæntæsh otsayl

Jeweller's—Watchmaker's   *Óra – Ékszerüzlet*

Could I see that, please?	**Megnézhetném azt?**	mægnayzhætnaym ost
Do you have anything in gold?	**Van aranyékszerük?**	von orron^yayksærewk
How many carats is this?	**Ez hány karátos?**	æz haan^y korraatawsh
Is this real silver?	**Ez ezüst?**	æz æzewsht
Can you repair this watch?	**Meg tudná javítani ezt az órát?**	mæg toodnaa yovveetonnee æst oz āwraat
I'd like a/an/some …	**… szeretnék.**	… særætnayk
alarm clock	**Egy ébresztőórát**	æd^y aybræstūr-āwraat
bangle	**Egy karperecet**	æd^y korpæraætsæt
battery	**Elemet**	ælæmæt
bracelet	**Egy karkötőt**	æd^y korkurtūrt
chain bracelet	**karláncot**	korlaantsawt
charm bracelet	**szerencsekarperecet**	særænchækorpæraætsæt
brooch	**Egy brossot**	æd^y brawsh-shawt
chain	**Egy láncot**	æd^y laantsawt
charm	**Egy kabalát**	æd^y kobbollaat
cigarette case	**Egy cigarettatárcát**	æd^y tseegorræt-tottaar-tsaat
cigarette lighter	**Egy öngyújtót**	æd^y urnd^yōō^ytāwt
clip	**Egy melltűt**	æd^y mæltēwt
clock	**Egy faliórát**	æd^y folleeāwraat
cross	**Egy keresztet**	æd^y kæræstæt
cuckoo clock	**Egy kakukkos órát**	æd^y kokkook-kawsh āwraat
cuff links	**Mandzsetta-gombot**	mondzhæt-toggawmbawt
cutlery	**Evőeszközt**	ævūr-æskurst
earrings	**Fülbevalót**	fewlbævollāwt
gem	**Ékkövet**	aykkurvæt
jewel box	**Ékszeres dobozt**	ayksæræsh dawbawst
mechanical pencil	**Egy töltőceruzát**	æd^y turltūrtsæroozaat
music box	**Egy zenélő dobozt**	æd^y zænaylūr dawbawst
necklace	**Egy nyakláncot**	æd^y n^yoklaantsawt
pendant	**Egy függőt**	æd^y fewg-gūrt
pin	**Egy tűt**	æd^y tēwt
pocket watch	**Egy zsebórát**	æd^y zhæbāwraat
powder compact	**Egy púdertartót**	æd^y pōōdærtortāwt
propelling pencil	**Egy töltőceruzát**	æd^y turltūrtsæroozaat

ring	Egy gyűrűt	ædᵞ dᵞ__ew__r__ew__t
engagement ring	Egy eljegyzési gyűrűt	ædᵞ ælyædᵞzayshee dᵞ__ew__r__ew__t
signet ring	Egy pecsétgyűrűt	ædᵞ pæchaytdᵞ__ew__r__ew__t
wedding ring	Egy jegygyűrűt	ædᵞ yædᵞdᵞ__ew__r__ew__t
rosary	Egy rózsafűzért	ædᵞ rawzhoff__ew__zayrt
silverware	Ezüst evőeszközt	æzewsht ævūr-æskurst
tie clip	Egy nyakkendőcsíptetőt	ædᵞ nᵞok-kændūrcheeptætūrt
tie pin	Egy nyakkendőtűt	ædᵞ nᵞok-kændūrt__ew__t
watch	Egy órát	ædᵞ __aw__raat
automatic	automata	o-__oo__tawmotto
digital	digitális	deegheetaaleesh
quartz	quartz	kvorts
with a second hand	másodpercmutatóval	maashawdpærtsmoo-tott__aw__vol
waterproof	vízálló	veezaal-l__aw__
watchstrap	Egy óraszíjat	ædᵞ __aw__rosseeyot
wristwatch	Egy karórát	ædᵞ korr__aw__raat

amber	borostyán	bawrawshtᵞaan
amethyst	ametiszt	ommæteest
chromium	króm	kr__aw__m
copper	réz	rayz
coral	korall	kawrol
crystal	kristály	kreeshtaaᵞ
cut glass	csiszolt üveg	cheesawlt ewvæg
diamond	gyémánt	dᵞaymaant
emerald	smaragd	shmorrogd
enamel	zománc	zawmaants
gold	arany	orronᵞ
gold plate	aranyozott	orronᵞawzawt
ivory	elefántcsont	æ!æfaantchawnt
jade	jáde	yaadæ
onyx	óniksz	__aw__neeks
pearl	gyöngy	dᵞurndᵞ
pewter	ón	__aw__n
platinum	platina	plotteeno
ruby	rubint	roobeent
sapphire	zafír	zoffeer
silver	ezüst	æzewsht
silver plate	ezüstözött	æzewshturzurt
stainless steel	rozsdamentes acél	rawzhdommæntæsh otsayl
topaz	topáz	tawpaaz
turquoise	türkiz	tewrkeez

Optician *Látszerész*

I've broken my glasses.	**Eltörött a szemüvegem.**	ælturrurt o sæmewvægæm
Can you repair them for me?	**Meg tudná nekem javítani?**	mæg toodnaa nækæm yovveetonnee
When will they be ready?	**Mikor lesz kész?**	meekawr læs kays
Can you change the lenses?	**Ki tudja cserélni a lencséket?**	kee toodyo chæraylnee o lænchaykæt
I'd like tinted lenses.	**Füstszínű lencsét szeretnék.**	fewshtseenēw lænchayt særætnayk
The frame is broken.	**Eltört a keret.**	ælturrt o kæræt
I'd like a spectacle case.	**Egy szemüvegtokot kérek.**	æd^y sæmewvægtawkawt kayræk
I'd like to have my eyesight checked.	**Szeretném, ha ellenőrizné a látásomat.**	særætnaym ho æl-lænūr-reeznay o laataashawmot
I'm short-sighted/long-sighted.	**Rövidlátó/Távollátó vagyok.**	rurveedlaatāw/taavawl-laatāw vod^yawk
I'd like some contact lenses.	**Kontaktlencsét szeretnék.**	kawntoktlænchayt særætnayk
I've lost one of my contact lenses.	**Elvesztettem az egyik kontaktlencsémet.**	ælvæstæt-tæm oz æd^yeek kawntoktlænchaymæt
Could you give me another one?	**Tudna adni egy másikat?**	toodno odnee æd^y maasheekot
I have hard/soft lenses.	**Kemény/lágy lencsét hordok.**	kæmayn^y/laad^y lænchayt hawrdawk
Do you have any contact-lens fluid?	**Van kontaktlen-cséhez folyadékjuk?**	von kawntoktlænnchayhæz faw^yodaykyook
I'd like to buy a pair of sunglasses.	**Napszemüveget szeretnék venni.**	nopsæmewvægæt særætnayk væn-nee
May I look in a mirror?	**Megnézhetem magam egy tükörben?**	mægnayzhætæm moggom æd^y tewkurrbæn
I'd like to buy a pair of binoculars.	**Látcsövet szeretnék venni.**	laatchurvæt særætnayk væn-nee
How much do I owe you?	**Mennyivel tartozom?**	mæn^yeevæl tortawzawm

Photography *Fényképészet*

I'd like a(an) ... camera.	**Egy ... fényképező-gépet szeretnék.**	æd^y ... fayn^ykaypæzūr-gaypæt særætnayk
automatic	**automata**	o-ootawmotto
inexpensive	**olcsó**	awlchāw
simple	**egyszerű**	æd^ysærēw
Can you show me some ..., please?	**Tudna mutatni ..., kérem?**	toodno moototnee ... kayræm
cine (movie) cameras	**filmfelvevőgépet**	feelmfælvævūrgaypæt
video cameras	**videokamerát**	veedæawkommæraat
I'd like to have some passport photos taken.	**Szeretnék útlevél-képet csináltatni.**	særætnayk ōōtlævayl-kaypæt cheenaaltotnee

Film *Film*

I'd like a film for this camera.	**Ehhez a fényképező-géphez kérek filmet.**	æh-hæz o fany^ykaypæzūr-gayphæz kayræk feelmæt
black and white	**fekete-fehér**	fækætæ-fæhayr
colour	**színes**	seenæsh
colour negative	**színes negatív**	seenæsh nægotteev
colour slide	**színes dia**	seenæsh deeo
cartridge	**filmpatron**	feelmpotrawn
roll film	**tekercs film**	tækærch feelm
video cassette	**video kazetta**	veedæaw kozzæt-to
24/36 exposures	**huszonnégy/ harminchat képes**	hoosawn-nayd^y/hor-meentshot kaypæsh
this size	**ez a méret**	æz o mayræt
this ASA/DIN number	**ez az ASA/DIN szám**	æz oz osho/deen saam
artificial light type	**mesterséges fényhez**	mæshtærshaygæsh fayn^yhæz
daylight-type	**nappali fényhez**	nop-pollee fayn^yhæz
fast (high-speed)	**nagyérzékenységű**	nod^yayrzaykæn^yshaygēw
fine grain	**finomszemcsés**	feenawmsæmchaysh

Processing *Előhívás*

How much do you charge for processing?	**Mennyibe kerül előhívatni?**	mæn^yeebæ kærewl ælūrheevotnee

I'd like ... prints of each negative.	... képet kérek minden negatívról.	... kaypæt kayræk meendæn nægotteevrāwl
with a mat finish	matt kikészítéssel	mot keekayseetaysh-shæl
with a glossy finish	fényes kikészítéssel	fayn^yæsh keekayseetaysh-shæl
Will you enlarge this, please?	Kinagyítaná ezt?	keenod^yeetonnaa æst
When will the photos be ready?	Mikorra lesznek készen a fényképek?	meekawr-ro læsnæk kaysæn o fayn^ykaypæk

Accessories and repairs *Alkatrészek és javítások*

I'd like a/an/some ...	Szeretnék ...	særaetnayk
battery	elemet	ælæmæt
cable release	egy kábeles kioldót	æd^y kaabælæsh keeawldawt
camera case	egy fényképezőgép tokot	æd^y fayn^ykaypæzūrgayp tawkawt
filter	egy szűrőt	æd^y sēwrūrt
for black and white	fekete-fehér	fækætæ-fæhayr
for colour	színes	seenæsh
flash	egy vakut	æd^y vokkoot
lens	egy lencsét	æd^y lænchayt
telephoto lens	teleobjektívot	tælæawbyækteevawt
wide-angle lens	nagy látószögű lencsét	nod^y laatawsurgēw lænchayt
lens cap	egy lencsefedőt	æd^y lænchæfædūrt
Can you repair this camera?	Meg tudja javítani ezt a fényképezőgépet?	mæg toodyo yovveetonnee æst o fayn^ykaypæzūrgaypæt
The film is jammed.	Megakadt a film.	mægokkodt a feelm
There's something wrong with the ...	Nem működik a ...	næm mēwkurdeek o
exposure counter	kioldásszámláló	keeawldaash-saamlaalāw
film winder	filmtekercselő	feelmtækærchælūr
flash attachment	vaku	vokkoo
lens	lencse	lænchæ
light meter	fénymérő	fayn^ymayrūr
rangefinder	távolságmérő	taavawlshaagmayrūr
shutter	zár	zaar

NUMBERS, see page 147

Tobacconist's   *Dohánybolt*

Cigarettes, cigars and tobacco are on sale in *Dohánybolt*
(**daw**haan^ybawlt) and *Trafik* (**tro**ffeek) shops, in all *ÁBC*
(**aa**baytsay) and other department stores, and at most hotel
counters. Intertourist branches also sell smokers' supplies,
including foreign brands of cigarettes, against hard currency.

A packet of cigarettes, please.	**Egy csomag cigarettát kérek.**	æd^y chawmog tseegorræt-taat kayræk
Do you have any American/English cigarettes?	**Van amerikai/angol cigarettájuk?**	von ommæreekoee/ongawl tseegorræt-taayook
I'd like a carton.	**Kérek egy kartonnal.**	kayræk æd^y kortawn-nol
Give me a/some ..., please.	**... kérek.**	... kayræk
candy	**Cukorkát**	tsookawrkaat
chewing gum	**Rágógumit**	raagāwgoomeet
chewing tobacco	**Dohányt**	dawhaan^yt
chocolate	**Csokoládét**	chawkawlaadayt
cigarette case	**Egy cigarettatárcát**	æd^y tseegorræt-to taartsaat
cigarette holder	**Egy cigaretta szipkát**	æd^y tseegorræt-to seepkaat
cigarettes	**Cigarettát**	tseegorræt-taat
filter-tipped/	**filteres/**	feeltæræsh/
without filter	**filter nélküli**	feeltær naylkewlee
light/dark tobacco	**Könnyű/Erős dohányt**	kurn^yēw/ærūrsh dawhaan^yt
mild/strong	**gyenge/erős**	d^yængæ/ærūrsh
menthol	**mentolos**	mæntawlawsh
king-size	**hosszú**	haws-sōō
cigars	**szivart**	seevort
lighter	**öngyújtót**	urnd^yōōytāwt
lighter fluid/gas	**öngyújtó benzint/ gázt**	urnd^yōōytāw bænzeent/ gaast
matches	**Gyufát**	d^yoofaat
pipe	**Pipát**	peepaat
pipe cleaners	**Pipatisztítót**	peepotteesteetāwt
pipe tobacco	**Pipadohányt**	peepoddawhaan^yt
pipe tool	**pipapiszkálót**	peepoppeeskaalāwt
postcard	**Képeslapot**	kaypæshloppawt
snuff	**Tubákot**	toobaakawt
stamps	**Bélyeget**	bay^yægæt
sweets	**Cukorkát**	tsookawrkaat
wick	**Kanócot**	konnāwtsawt

Miscellaneous   *Vegyes*

Souvenirs   *Souvenir*

Hungary is a land full of fascination for souvenir- and gift-hunters. Throughout the country the ancient traditions of woodcarving, embroidery, weaving, pottery and other folk arts are alive and flourishing. Modern designs are found alongside age-old motifs.

Other good buys include records and tapes, antiques and books, not forgetting the excellent local wines, fruit brandies and foodstuffs.

art book	művészeti könyv	mēw̄vaysætee kurnᵛv
carpet	szőnyeg	sūrnᵛæg
embroidered blouse	hímzett blúz	heemzæt blōōz
embroidered pillow	hímzett párna	heemzæt paarno
embroidered table-cloth	hímzett asztal-terítő	heemzæt ostol-tæreetū̄r
embroidery	hímzés	heemzaysh
folk art shop	népművészeti bolt	naypmēw̄vaysætee bawlt
folk music	népzene	naypzænæ
fruit brandy	gyümölcspálinka	dᵛewmurlchpaaleenko
apricot brandy	barackpálinka	borrotskpaaleenko
cherry brandy	cseresznyepálinka	chæræsnᵛæpaaleenko
plum brandy	szilvapálinka	seelvoppaaleenko
handwoven articles	szőttesek	sūrtæshæk
Herend china	herendi porcelán	hærændee pawrtsælaan
Hungarian literature (in English)	magyar irodalom (angolul)	modᵛor eerawdollawm (ongawlool)
pottery	cserépedények	chæraypædaynᵛæk
rug	szőnyeg	sūrnᵛæg
salami	téliszalámi	tayleesollaamee
Tokay wine	tokaji bor	tawkoyee bawr
wood-carving	fafaragás	fofforroggaash

Records—Cassettes   *Lemezek – Kazetták*

I'd like a ...	Szeretnék ...	særætnayk
cassette	egy kazettát	ædᵛ kozzæt-taat
video cassette	egy videokazettát	ædᵛ veedæawkozzæt-taat
compact disc	egy CD lemezt	ædᵛ tsayday læmæst
record	egy lemezt	ædᵛ læmæst

| L.P. (33 rpm) | nagylemez | nod^ylæmæz |
| E.P. (45 rpm) | kislemez | keeshlæmæz |

Do you have any records by ...?	Van ... lemezük?	von ... læmæzewk
Can I listen to this record?	Meghallgathatom ezt a lemezt?	mægholgothottawm æst o læmæst
chamber music	kamara zene	kommorro zænæ
classical music	klasszikus zene	klosseekoosh zænæ
folk music	népzene	naypzænæ
folk song	népdal	naypdol
instrumental music	hangszeres zene	hongsæræsh zænæ
jazz	dzsessz	dzhæs
light music	könnyűzene	kurnn^yewzænæ
orchestral music	zenekari zene	zænækorree zænæ
pop music	popzene	pawpzænæ

Toys *Játékok*

I'd like a toy/ game ...	Valami játékot szeretnék ...	vollommee yaataykawt særætnayk
for a boy	egy kisfiúnak	æd^y keeshfeeoonok
for a 5-year-old girl	egy öt éves kislánynak	æd^y urt ayvæsh keeshlaan^ynok
(beach) ball	(strand) labda	(shtrond) lobdo
board game	társasjáték	taarshoshyaatayk
bucket and spade (pail and shovel)	kisvödör lapáttal	keeshvurdurr loppaat-tol
building blocks (bricks)	építőkocka	aypēētūrkawtsko
card game	játékkártya	yaatayk-kaart^yo
chess set	sakk	shok
colouring book	kifestő	keefæshtūr
doll	baba	bobbo
electronic game	elektromos játék	ælæktrawmawsh yaatayk
roller skates	görkorcsolya	gurrkawrchaw^yo
skateboard	gördeszka	gurrdæsko
snorkel	búvárpipa	bōōvaarpeepo
story book	meséskönyv	mæshayshkurn^yv
toy car	játékautó	yaatayko-ootaw
video game	videós játék	veedæāwsh yaatayk

Your money: banks—currency

The basic unit of currency is the *Forint* (**faw**reent), abbreviated *Ft.* It is divided into 100 *fillér* (**feel**layr), *f.* Below are listed the different banknotes and coins in circulation:

Banknotes: 10, 20, 50, 100, 500 and 1000 Forints.
Coins: 10, 20 and 50 fillérs; 1, 2, 5, 10 and 20 Forints.

Visitors may take any amount of foreign currency or traveller's cheques into or out of the country, but the import and export of local currency is limited to Ft 100 in coins and/or banknotes.

Note that there are restrictions on the amount of forints that may be exchanged when leaving the country. You can change back up to 50 per cent of the originally exchanged sum. To reconvert forints into foreign currency when leaving Hungary, you must show the relevant receipt. Remember to take your passport with you, and be sure to keep all receipts.

Most internationally recognized traveller's cheques and credit cards are accepted by official currency exchange agencies. Many tourist-oriented establishments (hotels, restaurants, shops, etc.) also take them, just look for the signs on the door.

Official foreign exchange facilities can be found at: branches of the Hungarian National Bank *(Magyar Nemzeti Bank),* the National Savings Bank *(Országos Takarékpénztár – O.T.P.),* travel agencies, tourist offices, and some hotels. Some staff usually speak English or German.

Banking hours are usually from 9 a.m. to 5 p.m., Monday to Friday, and 9 a.m. to 2 p.m. on Saturdays.

Where's the nearest bank?	**Hol a legközelebbi bank?**	hawl o lǽgkurzælæb-bee bonk
Where's the nearest currency exchange office?	**Hol a legközelebbi valutabeváltó hely?**	hawl o lǽgkurzælæb-bee vollootobbæváaltāw hæᵞ

At the bank   *A bankban*

I'd like to change some dollars/pounds.	**Dollárt/Fontot szeretnék beváltani.**	dawl-laart/fawntawt særætnayk bævaaltonnee
I'd like to cash a traveller's cheque.	**Traveller's csekket szeretnék beváltani.**	trovvæl-lærs chæk-kæt særætnayk bævaaltonnee
What's the exchange rate?	**Mi az átváltási árfolyam?**	mee oz aatvaaltaashee aarfaw^vom
How much commission do you charge?	**Mennyi az átváltási jutalék?**	mæn^yee oz aatvaaltaashee yootollayk
Can you cash this cheque?	**Beváltaná ezt a csekket?**	bævaaltonnaa æst o chæk-kæt
Can you telex my bank in London?	**Telexeznének Londonba a bankomnak?**	tælæxæznaynæk lawn-dawnbo o bonkawmnok
I have a/an/some ...	**... van.**	... von.
credit card	**Hitelkártyám**	heetælkaart^yaam
Eurocheques	**Eurocsekkem**	æoorawchæk-kæm
letter of credit	**Hitellevelem**	heetællævælæm
I'm expecting some money from New York. Has it arrived?	**New Yorkból várok pénzt. Megérkezett?**	n^yoo yawrkbāwl vaarawk paynst. mægayrkæzæt
Please give me ... notes (bills) and some small change.	**Kérek ... bankjegyet és a többit apróban.**	kayræk ... bonkyæd^væt aysh o turb-beet oprāwbon
Give me ... large notes and the rest in small notes.	**Nagy címletekben kérek ..., a többit kis címletekben.**	nod^y tsēēmlætækbæn kayræk ... o turb-beet keesh tsēēmlætækbæn

Deposits—Withdrawals   *Letét—Pénzfelvétel*

I'd like to ...	**Szeretnék ...**	særætnayk
open an account	**bankszámlát nyitni**	bonksaamlaat n^yeetnee
withdraw ... forints	**forintot kivenni**	fawreentawt keevæn-nee
Where should I sign?	**Hol írjam alá?**	hawl ēēryom ollaa
I'd like to pay this into my account.	**Szeretném ezt befizetni a bankszámlámra.**	særætnaym æst bæfeezætnee o bonksaamlaamro

NUMBERS, see page 147

Business terms *Üzleti kifejezések*

My name is ...	... vagyok.	... vod^yawk
Here's my card.	**Tessék a névjegyem.**	tæsh-shayk o nayvyæd^yæm
I have an appointment with ...	**Megbeszélt találkozóm van ...-val/-vel.**	mægbæsaylt tollaalkawzāwm von ...-vol/-væl
Can you give me an estimate of the cost?	**Hozzávetőlegesen meg tudná adni a költségeket?**	hawz-zaavætūrlægæshæn mæg toodnaa odnee o kurltshaygækæt
What's the rate of inflation?	**Hány százalékos az infláció?**	haan^y saazollaykawsh oz eenflaatseeāw
Can you provide me with an interpreter/ a secretary?	**Tudna nekem egy tolmácsot/titkárnőt biztosítani?**	toodno nækæm æd^y tawlmaachawt/teetkaarnūrt beestawshēētonnee
I need a translation.	**Szükségem van egy fordításra.**	sewkshaygæm von æd^y fawrdēētaashro
Where can I make photocopies?	**Hol lehet fénymásolni?**	hawl læhæt fayn^ymaashawlnee

amount	**összeg**	urs-sæg
balance	**mérleg**	mayrlæg
capital	**tőke**	tūrkæ
cheque	**csekk**	chæk
contract	**szerződés**	særzūrdaysh
credit	**hitel**	heetæl
discount	**árengedmény**	aarængædmayn^y
expenses	**költségek**	kurltshaygæk
interest	**kamat**	kommot
investment	**befektetés**	bæfæktætaysh
invoice	**számla**	saamlo
loan	**kölcsön**	kurlchurn
loss	**veszteség**	væstæshayg
market	**piac**	peeots
mortgage	**jelzálog**	yælzaalawg
payment	**fizetés/fizettség**	feezætaysh/feezætshayg
percentage	**százalék**	saazollayk
profit	**profit**	prawfeet
purchase	**vétel**	vaytæl
sale	**eladás**	æloddaash
share	**részvény**	raysvayn^y
transfer	**átutalás**	aatootollaash
value	**érték**	ayrtayk

At the post office

Hungarian post offices *(posta)* are usually open from 8 a.m. to 5 p.m., Monday to Friday, and until noon or 1 p.m. on Saturdays. Main post offices operate from 7 a.m. until 8 p.m., Monday to Saturday.

Post offices handle mail, telephone, telegraph and telex services, but not international money transfers. Stamps *(bélyeg)* can also be bought at tobacconists or where postcards are sold. Postboxes are painted red and usually decorated with a hunting horn.

In Budapest, a modern international telecommunications centre with all telephone, telegraph, telex and telefax services operates at the corner of Petőfi Sándor utca and Martinelli tér.

Where's the nearest post office?	**Hol a legközelebbi posta?**	hawl o lægkurzælæb-bee pawshto
What time does the post office open/close?	**Mikor nyit/zár a posta?**	meekawr nʸeet/zaar o pawshto
A stamp for this letter/postcard, please.	**Erre a levélre/ képeslapra kérek bélyeget.**	ær-ræ o laevaylræ/ kaypæshlopro kayræk bayʸægæt
A ...-Ft stamp, please.	**Egy ... forintos bélyeget kérek.**	ædʸ ... fawreentawsh bayʸægæt kayræk
What's the postage for a letter to London?	**Hány forintos bélyeg kell egy levélre Londonba?**	haanʸ fawreentawsh bayʸæg kæl ædʸ lævaylræ lawndawnbo
What's the postage for a postcard to Los Angeles?	**Mennyi a posta- költség egy képes- lapra Los Angelesbe?**	mænʸee o pawshtok- kurltshayg ædʸ kaypæsh- lopro laws ondzhælæsbæ
Where's the letter box (mailbox)?	**Hol van a postaláda?**	hawl von o pawshtollaado
I'd like to send this parcel abroad.	**Ezt a csomagot szeretném feladni külföldre.**	æst o chawmoggawt særætnaym fælodnee kewlfurldræ

I'd like to send this (by) ...	**Szeretném ezt ... feladni.**	særætnaym æst ... fælodnee
airmail	**légipostán**	laygheepawshtaan
express (special delivery)	**expressz**	æxpræss
registered mail	**ajánlva**	oyaanlvo
Where's the poste restante (general delivery)?	**Hol a "poste restante" szolgálat?**	hawl o pawst ræstont sawlgaalot
Is there any post (mail) for me? My name is ...	**Van a számomra posta? ... vagyok.**	von o saamawmro pawshto. ... vod^yawk

BÉLYEG	STAMPS
CSOMAGFELADÁS	PARCELS
PÉNZBEFIZETÉS	MONEY ORDERS

Telegrams – Telex – Fax   *Táviratok – Telex – Fax*

In Hungary telegrams are dispatched by the post office. You can send telexes and faxes from the telecommunications centre at the corner of Petőfi Sándor utca and Martinelli tér.

I'd like to send a telegram/telex.	**Szeretnék egy táviratot/telexet feladni.**	særætnayk æd^y taaveerot-tawt/tælæxæt fælodnee
I'd like to send a fax.	**Szeretnék egy telefaxot küldeni.**	særætnayk æd^y tælæfoxawt kewldænee
May I have a form, please?	**Kaphatnék egy űrlapot?**	kophotnayk æd^y ēwrloppawt
How much is it per word?	**Mennyibe kerül egy szó?**	mæn^yeebæ kærewl æd^y sāw
How long will a telegram to Boston take?	**Mennyi idő alatt ér egy távirat Bostonba?**	mæn^yee eedūr ollot ayr æd^y taaveerot bawstawnbo
How much will this telex cost?	**Mennyibe kerül ez a telex?**	mæn^yeebæ kærewl æz o tælæx

Telephone *Telefon*

Local calls can be made from yellow or grey public telephones, while international or long-distance calls can be made from phone boxes with red phones. Illustrated instructions are posted, but if you need any help, go to the post office or ask at your hotel. Some hotels in the countryside don't have a direct dialling code, so to phone them you have to go to the post office. All public telephones are coin operated.

Where's the telephone?	**Hol van a telefon?**	hawl von o tælæfawn
Where's the nearest telephone booth?	**Hol van a legközelebbi telefonfülke?**	hawl von o lægkurzælæb-bee tælæfawnfewlkæ
May I use your phone?	**Használhatom a telefonját?**	hosnaalhottawm o tælæfawnyaat
Do you have a telephone directory for ...?	**Van ...-i telefonkönyvük?**	von ...-ee tælæfawnkurnᵞvewk
I'd like to call ... in England.	**Angliába szeretnék telefonálni ...-nak.**	ongleeaabo særætnayk tælæfawnaalnee ...-nok
What's the dialing (area) code for ...?	**Mi ... hívószáma?**	mee ... hēēvāwsaamo
Can I dial direct?	**Lehet közvetlenül tárcsázni?**	læhæt kurzvætlænewl taarchaaznee
How do I get the international operator?	**Mi a nemzetközi központ száma?**	mee o næmzætkurzee kurzpawnt saamo

Operator *Központ*

Good morning, I'd like London 5234567.	**Jó reggelt, kérem a London 5234567-es számot.**	yāw rægælt kayræm o lawndawn 5234567-æsh saamawt
Can you help me get this number?	**Tudná kapcsolni ezt a számot?**	toodnaa kopchawlnee æst o saamawt
Could you give me the number of ...?	**Meg tudná adni ... számát?**	mæg toodnaa odnee ... saamaat

NUMBERS, see page 147

| I'd like to reserve the charges (call collect). | **R-beszélgetést szeretnék.** | ær-bæsaylgætaysht særætnayk |

Speaking   *Telefonbeszélgetés*

Hello. This is ...	**Halló, itt ... beszél.**	hol-lāw eet ... bæsayl
I'd like to speak to ...	**...-val/-vel szeretnék beszélni.**	...-vol/-væl særætnayk bæsaylnee
Is ... there?	**... ott van?**	... awt von
Extension ...	**A ... melléket kérem.**	o ... mæl-laykæt kayræm
Who's speaking?	**Ki beszél?**	kee bæsayl
Speak louder/more slowly, please.	**Legyen szíves hangosabban/ lassabban beszélni.**	læd^yæn sēēvæsh hongawshob-bon/ losh-shob-bon bæsaylnee

Bad luck   *Sikertelen hívás*

Would you try again later, please?	**Kérem, legyen szíves később újra próbálni.**	kayræm læd^yæn sēēvæsh kayshūrb ōōyro prāwbaalnee
Operator, you gave me the wrong number.	**Központ! Rossz számot adott meg.**	kurzpawnt. raws saamawt oddawt mæg
Operator, we were cut off.	**Központ! Megszakadt a vonal.**	kurzpawnt. mægsokkodt o vawnol

Telephone alphabet   *Betűzés*

A	**Aladár**	olloddaar	N	**Nándor**	naandawr
Á	**Ágota**	aagawto	O	**Olga**	awlgo
B	**Balázs**	bollaazh	Ö	**Ödön**	urdurn
C	**Cecília**	tsætsēēleeo	P	**Péter**	paytær
D	**Dénes**	daynæsh	Q	**Kú**	kōō
E	**Erzsébet**	ærzhaybæt	R	**Róbert**	rāwbært
É	**Éva**	ayvo	S	**Sándor**	shaandawr
F	**Ferenc**	færænts	T	**Tivadar**	teevoddor
G	**Gábor**	gaabawr	U	**Ubul**	ooboobool
H	**Helén**	hælayn	Ü	**Üröm**	ewrurm
I	**Ilona**	eelawno	V	**Vilma**	veelmo
J	**József**	yāwzhæf	W	**duplavé**	dooplovvay
K	**Károly**	kaaraw^y	X	**iksz**	eeks
L	**László**	laaslāw	Y	**ipszilon**	eepseelawn
M	**Mónika**	māwneeko	Z	**Zorán**	zawraan

Not there *Nincs ott ...*

When will he/she be back?	**Mikor jön vissza?**	meekawr yurn **vees**-so
Will you tell him/her I called? My name is ...	**Kérem, mondja meg neki, hogy kerestem. ...vagyok.**	kayræm **mawn**dyo mæg **næ**kee hawd^y kæræshtæm. ... vod^{y}awk
Would you ask him/her to call me?	**Megmondaná, hogy hívjon vissza?**	mægmawndonnaa hawd^y **hēē**vyawn **vees**-so
My number is ...	**A telefonszámom ...**	o tælæfawnsaamawm
Would you take a message, please?	**Átadna kérem egy üzenetet?**	**aa**todno **kay**ræm æd^y **ew**zænætæt
I'll call back later.	**Később visszahívom.**	kayshūrb **vees**-so-hēē-vawm

Charges *Költségek*

| How much do I pay for the call? | **Mennyibe kerül a beszélgetés?** | mæn^{y}eebæ **kæ**rewl o bæsaylgætaysh |
| I'd like to pay for the call. | **Ki szeretném fizetni a telefonbeszélgetést.** | kee særætnaym **fee**zætnee o tælæfawnbæsaylgætaysht |

Önt keresik telefonon.	There's a telephone call for you.
Milyen számot hívott?	What number are you calling?
Foglalt a vonal.	The line's engaged.
Nem veszik fel.	There's no answer.
Téves számot hívott.	You've got the wrong number.
Nem működik a telefon.	The phone is out of order.
Egy pillanat.	Just a moment.
Kérem, tartsa a vonalat.	Hold on, please.
Jelenleg nincs itt.	He's/She's out at the moment.

Doctor

The Hungarian National Health Service is well equipped to handle any unexpected problems. Whereas you have to pay for medical examinations and treatment (which is normally covered by your health insurance), emergency first-aid is free of charge. Many Hungarian doctors and dentists also have private practices.

General *Általánosságok*

Can you get me a doctor?	**Tudna hívni nekem egy orvost?**	toodno hēēvnee nækæm æd^y awrvawsht
Is there a doctor here?	**Van itt orvos?**	von eet awrvawsh
I need a doctor, quickly.	**Orvosra van szükségem azonnal.**	awrvawshro von sewkshaygæm ozzawn-nol
Where can I find a doctor who speaks English?	**Hol találok angolul beszélő orvost?**	hawl tollaalawk ongawlool bæsaylūr awrvawsht
Where's the surgery (doctor's office)?	**Hol az orvosi rendelő?**	hawl oz awrvawshee rændælūr
What are the surgery (office) hours?	**Mikor van rendelés?**	meekawr von rændælaysh
Could the doctor come to see me here?	**Ki tudna jönni hozzám az orvos?**	kee toodno yurn-nee hawzzaam oz awrvawsh
What time can the doctor come?	**Mikor tudna jönni az orvos?**	meekawr toodno yurn-nee oz awrvawsh
Can you recommend a/an ...?	**Tudna ajánlani egy ...?**	toodno oyaanlonnee æd^y
general practitioner	**általános orvost**	aaltollaanawsh awrvawsht
children's doctor	**gyermekorvost**	d^{y}ærmækawrvawsht
eye specialist	**szemészt**	sæmayst
gynæcologist	**nőgyógyászt**	nūrd^{y}awd^{y}aast
Can I have an appointment ...?	**Fogadna ...?**	fawgodno
tomorrow	**holnap**	hawlnop
as soon as possible	**amint lehet**	ommeent læhæt

CHEMIST'S, see page 107

Parts of the body   Testrészek

appendix	vakbél	vokbayl
arm	kar	kor
back	hát	haat
bladder	hólyag	hāwʸog
bone	csont	chawnt
bowel	bél	bayl
breast	mell	mæl
chest	mellkas	mælkosh
ear	fül	fewl
eye(s)	szem(ek)	sæm(æk)
face	arc	orts
finger	ujj	ooʸ
foot	lábfej	laabfæʸ
genitals	nemi szervek	næmee særvæk
gland	mirigy	meereedʸ
hand	kéz	kayz
head	fej	fæʸ
heart	szív	sēēv
jaw	állkapocs	aalkoppawch
joint	ízület	ēēzewlæt
kidney	vese	væshæ
knee	térd	tayrd
leg	láb	laab
lip	ajak	o-yok
liver	máj	maaʸ
lung	tüdő	tewdūr
mouth	száj	saaʸ
muscle	izom	eezawm
neck	nyak	nʸok
nerve	ideg	eedæg
nervous system	idegrendszer	eedægrændsær
nose	orr	awr
rib	borda	bawrdo
shoulder	váll	vaal
skin	bőr	būr
spine	gerinc	gæreents
stomach	gyomor	dʸawmawr
tendon	ín	ēēn
thigh	comb	tsawmb
throat	torok	tawrawk
thumb	hüvelykujj	hewvæʸkooy
toe	lábujj	laabooʸ
tongue	nyelv	nʸælv
tonsils	mandulák	mondoolaak
vein	ér, véna	ayr vayno

Accident—Injury   *Baleset—Sérülés*

There's been an accident.	Baleset történt.	bollæshæt turrtaynt
My child has had a fall.	Elesett a gyerekem.	ælæshæt o d^yærækæm
He/She has hurt his/her head.	Megütötte a fejét.	mægewturttæ o fæyayt
He's/She's unconscious.	Elvesztette az eszméletét.	ælvæstættæ oz æsmaylætayt
He's/She's bleeding (heavily).	(Nagyon) Vérzik.	(nod^yawn) vayrzeek
He's/She's (seriously) injured.	(Súlyosan) Megsérült.	(shōōyawshon) mægshayrewlt
His/Her arm is broken.	Eltört a karja.	ælturrt o koryo
His/Her ankle is swollen.	Bedagadt a bokája.	bædoggot o bawkaayo
I've been stung.	Megcsípett valami.	mægchēēpæt vollommee
I've got something in my eye.	Valami belement a szemembe.	vollommee bælæmænt o sæmæmbæ
I've got a/an ...	Van egy ...	von æd^y ...
blister	vízhólyagom	vēēzhāwyoggawm
boil	kelésem	kælayshæm
bruise	zúzódásom	zōōzāwdaashawm
burn	égési sebem	aygayshee shæbæm
cut	vágásom	vaagaashawm
graze	horzsolásom	hawrzhawlaashawm
insect bite	rovarcsípésem	rawvorchēēpayshæm
lump	csomóm	chawmāwm
sting	csípésem	chēēpayshæm
swelling	duzzanatom	doozzonnottawm
wound	sebem	shæbæm
I've got a rash.	Kiütéses vagyok.	kee-ewtayshæsh vod^yawk
Could you have a look at it?	Megvizsgálná?	mægveezhgaalnaa
I can't move my ...	Nem tudom mozgatni a ...	næm toodawm mawzgotnee o
It hurts.	Fáj.	faay

DOCTOR

👉	👈
Ne mozogjon.	Don't move.
Hol fáj?	Where does it hurt?
Milyen fájdalmat érez?	What kind of pain is it?
tompa/éles/lüktető	dull/sharp/throbbing
állandó/változó	constant/on and off
	It's ...
Eltörött/Kificamodott	broken/sprained
Kiugrott/Elszakadt	dislocated/torn
Meg kell röntgenezni.	I'd like you to have an X-ray.
Meghúzódott/Megsérült egy izma.	You've pulled/bruised a muscle.
Be kell gipszelni.	We'll have to put it in plaster (cast).
El van fertőződve.	It's infected.
Kapott tetanuszoltást?	Have you been vaccinated against tetanus?
Adok fájdalomcsillapítót.	I'll give you a painkiller.
Allergiás valamire?	Do you have any allergies?

Illness *Betegség*

I'm not feeling well.	**Nem érzem jól magam.**	næm **ayr**zæm y**āwl** moggom
I'm ill/I'm sick.	**Beteg vagyok.**	**bæ**tæg vod^yawk
I feel dizzy/ nauseous/ shivery.	**Szédülök./ Hányingerem van./ Ráz a hideg.**	**say**dewlurk/ haan^yeengæræm von/ raaz o **hee**dæg
I have a temperature (fever).	**Lázas vagyok.**	**laa**zosh vod^yawk
My temperature is 38 degrees Celsius.	**38 fokos lázam van.**	hormeentsn^yawlts **faw**kawsh **laa**zom von
I've been vomiting.	**Hánytam.**	**haan**^ytom
I'm constipated.	**Székrekedésem van.**	**say**krækædayshæm von
I've got diarrhoea.	**Hasmenésem van.**	**hosh**mænayshæm von
My ... hurt(s).	**Fáj ...**	faay ...

Orvos

NUMBERS, see page 147

I've got (a/an) ...

asthma	**Asztmás vagyok.**	ostmaash vod^yawk
backache	**Fáj a hátam.**	faay o haatom
cold	**Náthás vagyok.**	naathaash vod^yawk
cough	**Köhögök.**	kurhurgurk
cramps	**Görcseim vannak.**	gurrchæeem vonnok
earache	**Fáj a fülem.**	faay o fewlæm
hay fever	**Szénanáthám van.**	saynonnaathaam von
headache	**Fáj a fejem.**	faay o fæyæm
indigestion	**Gyomorrontásom van.**	d^yawmawrrawntaashawm von
nosebleed	**Vérzik az orrom.**	vayrzeek oz awrrawm
palpitations	**Szívdobogásom van.**	sēēvdawbawgaashawm von
rheumatism	**Reumám van.**	ræoomaam von
sore throat	**Fáj a torkom.**	faay o tawrkawm
stiff neck	**Merev a nyakam.**	mæræv o n^yokkom
stomach ache	**Fáj a gyomrom.**	faay o d^yawmrawm
sunstroke	**Napszúrást kaptam.**	nopsōōraasht koptom

I have difficulties breathing.	**Légzési nehézségeim vannak.**	laygzayshee næhayzshaygæeem vonnok
I have chest pains.	**Mellkasi fájdalmaim vannak.**	mælko-shee faa^ydolmoeem vonnok
I had a heart attack ... years ago.	**... éve volt infarktusom.**	... ayvæ vawlt eenforktooshawm
My blood pressure is too high/too low.	**Túl magas/alacsony a vérnyomásom.**	tōōl moggosh/ollochawn^y o vayrn^yawmaashawm
I'm allergic to ...	**Allergiás vagyok a ...**	ollærgeeaash vod^yawk o
I'm a diabetic.	**Cukorbeteg vagyok.**	tsookawrbætæg vod^yawk

Women's section *Nőgyógyászat*

I have period pains.	**Menstruációs fájdalmaim vannak.**	mænshtrooaatseeāwsh faaydolmoeem vonnok
I have a vaginal infection.	**Hüvelygyulladásom van.**	hewvæ^yd^yoolloddaashawm von
I'm on the pill.	**Tablettát szedek.**	toblættaat sædæk
I haven't had my period for 2 months.	**2 hónapja nem jön meg a menstruációm.**	kayt hawnopyo næm yurn mæg o mænshtrooaatseeawm
I'm (3 months) pregnant.	**(3 hónapos) Terhes vagyok.**	(haarawm hawnoppawsh) tærhæsh vod^yawk

DOCTOR

🖝 〄

Mióta érzi így magát?	How long have you been feeling like this?
Most először fordul ez elő?	Is this the first time you've had this?
Megmérem a lázát/a vérnyomását.	I'll take your temperature/ blood pressure.
Tűrje fel az ujját, legyen szíves.	Roll up your sleeve, please.
Kérem vetkőzzön le (derékig).	Please undress (down to the waist).
Kérem, feküdjön le ide.	Please lie down over here.
Nyissa ki a száját.	Open your mouth.
Sóhajtson.	Breathe deeply.
Köhögjön.	Cough, please.
Hol fáj?	Where does it hurt?
	You've got (a/an) ...
Vakbélgyulladása van.	appendicitis
Hólyaggyulladása van.	cystitis
Gyomorhurutja van.	gastritis
... gyulladása van.	inflammation of ...
Ételmérgezése van.	food poisoning
Sárgasága van.	jaundice
Nemi betegsége van.	venereal disease
Tüdőgyulladása van.	pneumonia
Influenzás.	flu
Kanyarós.	measles
(Nem) Fertőző.	It's (not) contagious.
Allergiás.	It's an allergy.
Adok egy injekciót.	I'll give you an injection.
Vér/Széklet/Vizelet mintára van szükségem.	I want a specimen of your blood/stools/urine.
... napig ágyban kell maradnia.	You must stay in bed for ... days.
Szakorvoshoz kell mennie.	I want you to see a specialist.
Kórházba kell mennie kivizsgálásra.	I want you to go to the hospital for a general check-up.

Orvos

Prescription – Treatment *Recept – Kezelés*

This is my usual medicine.	**Ezt a gyógyszert szoktam szedni.**	æst o d\[ʲ\]awd\[ʲ\]sært sawktom sædnee
Can you give me a prescription for this?	**Fel tudná nekem írni?**	fæl toodnaa nækæm eernee
Can you prescribe a/an/some ...?	**Fel tudna írni ...?**	fæl toodno eernee
antidepressant	**depresszió elleni orvosságot**	dæpræsseeaw ællænee awrvawsh-shaagawt
sleeping pills	**altatót**	oltottawt
tranquillizer	**nyugtatót**	n\[ʲ\]oogtottawt
I'm allergic to certain antibiotics/penicillin.	**Allergiás vagyok néhány antibiotikumra/penicillinre.**	ollærgeeaash vod\[ʲ\]awk nayhaan\[ʲ\] onteebeeawteekoomro/pæneetseeleenræ
I don't want anything too strong.	**Nem akarok semmi túl erőset.**	næm okkorawk shæmmee tool ærürshæt
How many times a day should I take it?	**Naponta hányszor szedjem?**	noppawnto haan\[ʲ\]sawr sæd\[ʲ\]æm
Must I swallow them whole?	**Egészben kell lenyelnem?**	ægaysbæn kæl læn\[ʲ\]ælnæm

🖝	🖘
Milyen kezelést kap?	What treatment are you having?
Milyen gyógyszert szed?	What medicine are you taking?
Injekcióban vagy szájon át?	By injection or orally?
Szedjen ... kávéskanállal ebből a gyógyszerből.	Take ... teaspoons of this medicine.
Vegyen be egy tablettát egy pohár vízzel.	Take one pill with a glass of water.
minden ... órában	every ... hours
...-szor naponta	... times a day
étkezés előtt/után	before/after each meal
reggel/este	in the morning/at night
ha fájdalmai vannak	if there is any pain
... napig	for ... days

CHEMIST'S, see p. 107

Fee *Kezelési költség*

How much do I owe you?	**Mennyivel tartozom?**	mæn^y-n^yeevæl tortawzawm
May I have a receipt for my health insurance?	**Kaphatok egy elismervényt a biztosítóm részére?**	kophottawk æd^y æleeshmærvayn^yt o beeztawsheetawm raysayræ
Can I have a medical certificate?	**Kaphatok orvosi igazolást?**	kophottawk awrvawshee eegozzawlaasht
Would you fill in this health insurance form, please?	**Kitöltené ezt a biztosítási ívet?**	keeturltenay æzt o beeztawsheetaashee eevæt

Hospital *Kórház*

Please notify my family.	**Kérem értesítse a családomat.**	kayræm ayrtæsheetshæ o chollaadawmot
What are the visiting hours?	**Mikor van látogatási idő?**	meekawr von laatawgottaashee eedurr
When can I get up?	**Mikor kelhetek fel?**	meekawr kælhætæk fæl
When will the doctor come?	**Mikor jön az orvos?**	meekawr yurn oz awrvawsh
I'm in pain.	**Fájdalmaim vannak.**	faydolmoeem von-nok
I can't eat/sleep.	**Nem tudok enni/aludni.**	næm toodawk ænnee/olloodnee
Where is the bell?	**Hol a csengő?**	hawl o chængur

doctor	**orvos**	awrvawsh
nurse	**nővér**	nurvayr
patient	**páciens**	paatseeænsh
anaesthetic	**érzéstelenítő**	ayrzayshtælæneetur
blood transfusion	**vérátömlesztés**	vayraaturmlæstaysh
injection	**injekció**	eenyæktseeaw
operation	**operáció**	awpæraatseeaw
bed	**ágy**	aad^y
bedpan	**ágytál**	aad^ytaal
thermometer	**lázmérő**	laazmayrur

Dentist *Fogorvos*

Can you recommend a good dentist?	**Tud ajánlani egy jó fogorvost?**	toodno oyaanlonnee æd^y yāw fawgawrvawsht
Can I make an (urgent) appointment to see Dr ...?	**Mikor tudna (sürgősen) fogadni ... doktor?**	meekawr toodno (shewrgūrshæn) fawgodnee ... dawktawr
Couldn't you make it earlier?	**Nem lehetne korábban?**	næm læhætnæ kawraabbon
I have a broken tooth.	**Eltört egy fogam.**	ælturrt æd^y fawgom
I have a toothache.	**Fáj a fogam.**	faay o fawgom
I have an abscess.	**Tályogos a fogam.**	taayawgawsh o fawgom
This tooth hurts.	**Ez a fogam fáj.**	æz o fawgom faay
at the top	**felül**	fælewl
at the bottom	**alul**	ollool
at the front	**elöl**	ælurl
at the back	**hátul**	haatool
Can you fix it temporarily?	**Ideiglenesen rendbe tudná hozni?**	eedæeeglænæshæn rændbæ toodnaa hawznee
I don't want it pulled out.	**Nem akarom kihúzatni.**	næm okkorrawm keehōō-zotnee
Could you give me an anaesthetic?	**Kérem, adjon érzéstelenítőt.**	kayræm od^yawn ayrzayshtælænēētūrt
I've lost a filling.	**Kiesett egy tömésem.**	keeæshæt æd^y turmayshæm
My gums ...	**A fogínyem ...**	o fawgēēn^yæm ...
are very sore	**nagyon érzékeny**	nod^yawn ayrzaykæn^y
are bleeding	**vérzik**	vayrzeek
I've broken my dentures.	**Eltörött a műfogsorom.**	ælturrurt o mēw-fawgshawrawm
Can you repair them?	**Meg tudná javítani?**	mæg toodnaa yovvēētonnee
When will they be ready?	**Mikor lesz készen?**	meekawr læs kaysæn

Reference section

Where do you come from? *Honnan jött?*

Africa	**Afrika**	ofreeko
Asia	**Ázsia**	aazheeo
Australia	**Ausztrália**	o-oostraaleeo
Europe	**Európa**	æooraẘpo
North America	**Észak-Amerika**	aysok-ommæreeko
South America	**Dél-Amerika**	dayl-ommæreeko
Austria	**Ausztria**	o-oostreeo
Belgium	**Belgium**	bælgheeoom
Bulgaria	**Bulgária**	boolgaareeo
Canada	**Kanada**	konnoddo
China	**Kína**	kēēno
Czech Republic	**Cseh Köztársasag**	chæ kurshtaarshoshog
Denmark	**Dánia**	daaneeo
England	**Anglia**	ongleeo
Finland	**Finnország**	feenawrsaag
France	**Franciaország**	frontseeo-awrsaag
Germany	**Németország**	naymætawrsaag
Great Britain	**Nagy-Britannia**	nodʸ-breetonneeo
Greece	**Görögország**	gurrurgawrsaag
Hungary	**Magyarország**	modʸorrawrsaag
India	**India**	eendeeo
Ireland	**Írország**	ēērawrsaag
Israel	**Izrael**	eezroæl
Italy	**Olaszország**	awlossawrsaag
Japan	**Japán**	yoppaan
Luxembourg	**Luxemburg**	looxæmboorg
Netherlands	**Hollandia**	hawllondeeo
New Zealand	**Új-Zéland**	ōōy-zaylond
Norway	**Norvégia**	nawrvaygheeo
Poland	**Lengyelország**	lændʸælawrsaag
Portugal	**Portugália**	pawrtoogaaleeo
Romania	**Románia**	rawmaaneeo
Russia	**Oroszország**	awrawrssawrsaag
Scotland	**Skócia**	shkāẘtseeo
Slovakia	**Szlovákia**	slawvaakeeo
South Africa	**Dél-Afrika**	dayl-ofreeko
Spain	**Spanyolország**	shponʸawlawrsaag
Sweden	**Svédország**	shvaydawrsaag
Switzerland	**Svájc**	shvaayts
Turkey	**Törökország**	turrurkawrsaag
United States	**Egyesült Államok**	ædʸæshewlt aallomawk
Wales	**Wales**	væls

Numbers *Számok*

0	**nulla**	**noo**llo
1	**egy**	æd^y
2	**kettő**	**kæt**tūr
3	**három**	**haa**rawm
4	**négy**	nayd^y
5	**öt**	urt
6	**hat**	hot
7	**hét**	hayt
8	**nyolc**	n^yawlts
9	**kilenc**	**kee**lænts
10	**tíz**	tēēz
11	**tizenegy**	**tee**zænæd^y
12	**tizenkettő**	**tee**zænkættūr
13	**tizenhárom**	**tee**zænhaarawm
14	**tizennégy**	**tee**zænnayd^y
15	**tizenöt**	**tee**zænurt
16	**tizenhat**	**tee**zænhot
17	**tizenhét**	**tee**zænhayt
18	**tizennyolc**	**tee**zænn^yawlts
19	**tizenkilenc**	**tee**zænkeelænts
20	**húsz**	hōōs
21	**huszonegy**	**hoo**sawnæd^y
22	**huszonkettő**	**hoo**sawnkættūr
23	**huszonhárom**	**hoo**sawnhaarawm
24	**huszonnégy**	**hoo**sawnnayd^y
25	**huszonöt**	**hoo**sawnurt
26	**huszonhat**	**hoo**sawnhot
27	**huszonhét**	**hoo**sawnhayt
28	**huszonnyolc**	**hoo**sawnn^yawlts
29	**huszonkilenc**	**hoo**sawnkeelænts
30	**harminc**	**hor**meents
31	**harmincegy**	**hor**meentsæd^y
32	**harminckettő**	**hor**meentskættūr
33	**harminchárom**	**hor**meents-haarawm
40	**negyven**	**næd**^yvæn
41	**negyvenegy**	**næd**^yvænæd^y
42	**negyvenkettő**	**næd**^yvænkættūr
43	**negyvenhárom**	**næd**^yvænhaarawm
50	**ötven**	**urt**væn
51	**ötvenegy**	**urt**vænæd^y
52	**ötvenkettő**	**urt**vænkættūr
53	**ötvenhárom**	**urt**vænhaarawm
60	**hatvan**	**hot**von
61	**hatvanegy**	**hot**vonnæd^y
62	**hatvankettő**	**hot**vonkættūr

63	**hatvanhárom**	hotvonhaarawm
70	**hetven**	hætvæn
71	**hetvenegy**	hætvænæd^y
72	**hetvenkettő**	hætvænkættū̄r
73	**hetvenhárom**	hætvænhaarawm
80	**nyolcvan**	n^yawltsvon
81	**nyolcvanegy**	n^yawltsvonnæd^y
82	**nyolcvankettő**	n^yawltsvonkættū̄r
83	**nyolcvanhárom**	n^yawltsvonhaarawm
90	**kilencven**	keelæntsvæn
91	**kilencvenegy**	keelæntsvænæd^y
92	**kilencvenkettő**	keelæntsvænkættū̄r
93	**kilencvenhárom**	keelæntsvænhaarawm
100	**száz**	saaz
101	**százegy**	saazæd^y
102	**százkettő**	saazkættū̄r
110	**száztíz**	saaztē̄ēz
120	**százhúsz**	saazhō̄ōs
130	**százharminc**	saazhormeents
140	**száznegyven**	saaznæd^yvæn
150	**százötven**	saazurtvæn
160	**százhatvan**	saazhotvon
170	**százhetven**	saazhætvæn
180	**száznyolcvan**	saazn^yawltsvon
190	**százkilencven**	saazkeelæntsvæn
200	**kétszáz**	kaytsaaz
300	**háromszáz**	haarawmsaaz
400	**négyszáz**	nayd^ysaaz
500	**ötszáz**	urtsaaz
600	**hatszáz**	hotsaaz
700	**hétszáz**	haytsaaz
800	**nyolcszáz**	n^yawlts-saaz
900	**kilencszáz**	keelæntsaaz
1000	**ezer**	æzær
1100	**ezeregyszáz**	æzæræd^ysaaz
1200	**ezerkétszáz**	æzærkaytsaaz
2000	**kétezer**	kaytæzær
5000	**ötezer**	urtæzær
10,000	**tízezer**	tē̄ēzæzær
50,000	**ötvenezer**	urtvænæzær
100,000	**százezer**	saazæzær
1,000,000	**millió**	meelleeā̄w
1,000,000,000	**milliárd**	meelleeaard

first	**első**	ælshūr
second	**második**	maashawdeek
third	**harmadik**	hormoddeek
fourth	**negyedik**	nædᵛædeek
fifth	**ötödik**	urturdeek
sixth	**hatodik**	hottawdeek
seventh	**hetedik**	hætædeek
eighth	**nyolcadik**	nᵛawltsoddeek
ninth	**kilencedik**	keelæntsædeek
tenth	**tizedik**	teezædeek
once/twice	**egyszer/kétszer**	ædᵛsær/kaytsær
three times	**háromszor**	haarawmsawr
a half	**egy fél**	ædᵛ fayl
half a ...	**fél ...**	fayl
half of ...	**a fele ...-nak/-nek**	o fælæ ...-nok/-næk
half (adj.)	**fél**	fayl
a quarter/one third	**negyed/harmad**	nædᵛæd/hormod
a pair of	**egy pár**	ædᵛ paar
a dozen	**egy tucat**	ædᵛ tootsot
one per cent	**egy százalék**	ædᵛ saazollayk
3.4%	**3,4%**	haarawm ægays naydᵛ teezæd saazollayk

Year and age Év és életkor

year	**év**	ayv
leap year	**szökőév**	surkūrayv
decade	**évtized**	ayvteezæd
century	**évszázad**	ayvsaazod
this year	**idén**	eedayn
last year	**tavaly**	tovvoy
next year	**jövőre**	yurvūrræ
each year	**minden évben**	meendæn ayvbæn
2 years ago	**2 éve**	kayt ayvæ
in one year	**egy éven belül**	ædᵛ ayvæn bælewl
in the eighties	**a nyolcvanas években**	o nᵛawltsvonnosh ayvækbæn
the 16th century	**a 16. század**	o teezænhottawdeek saazod
in the 20th century	**a huszadik században**	o hoosoddeek saazodbon
1981	**ezerkilencszáz-nyolcvanegy**	æzærkeelæntsaaz-nᵛawltsvonnædᵛ
1992	**ezerkilencszáz-kilencvenkettő**	æzærkeelæntsaaz-keelæntsvænkættūr

How old are you?	**Hány éves?**	haan^y ayvæsh
I'm 30 years old.	**30 éves vagyok.**	hormeents ayvæsh vod^yawk
He/She was born in 1960.	**1960-ban született.**	æzær-keelæntsaaz-hotvonbon sewlætæt
What is his/her age?	**Mennyi idős?**	mæn^y-n^yee eedūūrsh
Children under 16 are not admitted.	**16 éven felülieknek.**	teezænhot ayvæn fælewleeæknæk

Seasons *Évszakok*

spring/summer	**tavasz/nyár**	tovvos/n^yaar
autumn/winter	**ősz/tél**	ūrs/tayl
in spring	**tavasszal**	tovvossol
during the summer	**nyáron**	n^yaarawn
in autumn	**ősszel**	ūrssæl
during the winter	**télen**	taylæn
high season	**főszezon**	fūrsæzawn
low season	**holt szezon**	hawlt sæzawn

Months *Hónapok*

January	**január***	yonnooaar
February	**február**	fæbrooaar
March	**március**	maartseeoosh
April	**április**	aapreeleesh
May	**május**	maayoosh
June	**június**	yōōneeoosh
July	**július**	yōōleeoosh
August	**augusztus**	o-oogoostoosh
September	**szeptember**	sæptæmbær
October	**október**	awktāwbær
November	**november**	nawvæmbær
December	**december**	dætsæmbær

in September	**szeptemberben**	sæptæmbærbæn
since October	**október óta**	awktāwbær āwto
the beginning of January	**január eleje**	yonnooaar ælæyæ
the middle of February	**február közepe**	fæbrooaar kurzæpæ
the end of March	**március vége**	maartseeoosh vaygæ

---

* The names of months aren't capitalized in Hungarian.

Days and Date   *Napok és dátumok*

What day is it today?	**Milyen nap van ma?**	meeyæn nop von mo
Sunday	**vasárnap***	voshaarnop
Monday	**hétfő**	haytfūr
Tuesday	**kedd**	kæd
Wednesday	**szerda**	særdo
Thursday	**csütörtök**	tshewturrturk
Friday	**péntek**	payntæk
Saturday	**szombat**	sawmbot
It's ...	**... van.**	... von
July 1	**július elseje**	yōōleeoosh ælshæyæ
March 17	**március tizenhetedike**	maartseeoosh teezænhætæ-deekæ
in the morning	**reggel**	ræggæl
during the day	**napközben**	nopkurzbæn
in the afternoon	**délután**	daylootaan
in the evening	**este**	æshtæ
at night	**éjszaka**	aysokko
the day before yesterday	**tegnapelőtt**	tægnoppælūrt
yesterday	**tegnap**	tægnop
today	**ma**	mo
tomorrow	**holnap**	hawlnop
the day after tomorrow	**holnapután**	hawlnoppootaan
the day before	**előző nap**	ælūrzūr nop
the next day	**másnap**	maashnop
two days ago	**két nappal ezelőtt**	kayt noppol æzælūrt
in three days' time	**három napon belül**	haarawm noppawn bælewl
last week	**múlt héten**	mōōlt haytæn
next week	**jövő héten**	yurvūr haytæn
for a fortnight (two weeks)	**két hétig**	kayt hayteeg
birthday	**születésnap**	sewlætayshnop
day off	**szabadnap**	sobbodnop
holiday	**ünnepnap**	ewnnæpnop
holidays/vacation	**szabadság/vakáció**	sobbodshaag/vokkaatseeāw
week	**hét**	hayt
weekend	**hétvége**	haytvayghæ
working day	**munkanap**	moonkonnop

* The names of days aren't capitalized in Hungarian.

Public holidays *Hivatalos ünnepek*

January 1	**Újév**	New Year's Day
March 15	**Nemzeti ünnep**	National Day
May 1	**A munka ünnepe**	Labour Day
August 20	**Szt. István ünnepe**	St. Stephen's Day
October 23	**Nemzeti ünnep**	National Day
December 25	**Karácsony első napja**	Christmas Day
December 26	**Karácsony második napja**	Boxing Day
Movable:	**Húsvét hétfő**	Easter Monday

Greetings and wishes *Jókívánságok*

Merry Christmas!	**Boldog Karácsonyt!**	bawldawg korraachawn^yt
Happy New Year!	**Boldog új évet!**	bawldawg ōōy ayvæt
Happy Easter!	**Kellemes húsvéti ünnepeket!**	kællæmæsh hōōshvaytee ewnnæpækæt
Happy birthday!	**Boldog születésnapot!**	bawldawg sewlætayshnoppawt
Best wishes!	**Minden jót!**	meendæn yāwt
Congratulations!	**Gratulálok!**	grottoolaalawk
Good luck/ All the best!	**Sok szerencsét/ Minden jót!**	shawk særænchayt/ meendæn yāwt
Have a good trip!	**Jó utat!**	yāw ootot
Have a good holiday!	**Jó nyaralást!**	yāw n^yorrollaasht
Best regards from ...	**Üdvözlettel ...!**	ewdvurzlættæl
My regards to ...	**Üdvözlöm ...-t.**	ewdvurzlurm ...-t
I wish you ...	**... kívánok.**	... kēēvaanawk

Különféle tudnivalók

What time is it? *Mennyi az idő?/Hány óra?*

Excuse me. Can you tell me the time?	Elnézést, megmondaná mennyi az idő?	ælnayzaysht mægmawndonnaa mænᵞ-nᵞee oz eedūr
It's ...		
five past one	egy óra öt perc*	ædᵞ āw̄ro urt pærts
ten past two	két óra tíz perc	kayt āw̄ro teez pærts
a quarter past three	negyed négy	nædᵞæd naydᵞ
twenty past four	négy óra húsz	naydᵞ āw̄ro hōōs
twenty-five past five	öt óra huszonöt	urt āw̄ro hoosawnurt
half past six	fél hét	fayl hayt
twenty-five to seven	öt perccel múlt fél hét	urt pærtsæl mōōlt fayl hayt
twenty to eight	öt perc múlva háromnegyed nyolc	urt pærts mōōlvo haarawmnædᵞæd nᵞawlts
a quarter to nine	háromnegyed kilenc	haarawmnædᵞæd keelænts
ten to ten	tíz perc múlva tíz	tēēz pærts mōōlvo tēēz
five to eleven	öt perc múlva tizenegy	urt pærts mōōlvo teezænædᵞ
twelve o'clock (noon/midnight)	tizenkét óra (dél/éjfél)	teezænkayt āw̄ro dayl/ayᵞfayl
in the morning	délelőtt	daylælūrt
in the afternoon	délután	daylootaan
in the evening	este	æshtæ
The train leaves at ...	...-kor indul a vonat.	...-kawr eendool o vawnot
13.04 (1.04 p.m.)	tizenhárom óra négy perckor	teezænharawm āw̄ro naydᵞ pærtskawr
0.40 (0.40 a.m.)	nulla óra negyven perckor	noollo āw̄ro nædᵞvæn pærtskawr
in five minutes	öt percen belül	urt pærtsæn bælewl
in a quarter of an hour	negyed órán belül	nædᵞæd āw̄raan bælewl
half an hour ago	fél órával ezelőtt	fayl āw̄raavol æzælūrt
about two hours	körülbelül két óra	kurrewlbælewl kayt āw̄ro
more than 10 minutes	több mint tíz perc	turbb meent tēēz pærts
less than 30 seconds	kevesebb mint harminc másodperc	kævæshæb meent hormeents maashawdpærts
The clock is fast/slow.	Az óra siet/késik.	oz āw̄ro sheeæt/kaysheek

---

* In daily conversation time is expressed as shown here. However, official time uses a 24-hour clock which means that after noon hours are counted from 13 to 24.

154

Common abbreviations *Gyakran használt rövidítések*

áll.	állami	state
ált.	általános	general
B.N.V.	Budapesti Nemzetközi Vásár	Budapest International Fair
Bp.	Budapest	Budapest
db/drb.	darab	piece
d.e.	délelőtt	a.m.
d.u.	délután	p.m.
em.	emelet	floor
ENSZ	Egyesült Nemzetek Szervezete	United Nations Organization
érk.	érkezés	arrival
F.á.	fogyasztói ár	price
főv.	fővárosi	metropolitan (Budapest)
f.sz.	földszint	ground floor
g.k.	gépkocsi	automobile
IBUSZ	IBUSZ	IBUSZ travel agency
hat.eng.	hatóságilag engedélyezett	licensed
i.e.	időszámítás előtt	B.C.
ind.	indulás	departure
i.sz.	időszámításunk szerint	A.D.
k.b.	körülbelül	approximately
KEOKH	Külföldieket Ellenőrző Országos Hivatal	Foreigners' Registration Office
krt.	körút	boulevard
LE	Lóerő	horsepower
MNB	Magyar Nemzeti Bank	Hungarian National Bank
MALÉV	Magyar Légiforgalmi Vállalat	Hungarian Air Transport
MÁV	Magyar Állami Vasutak	Hungarian State Railways
MTI	Magyar Távirati Iroda	Hungarian Telegraphic Services
p.l.	például	e.g.
p.u.	pályaudvar	railway station
röv.	rövidítés	abbreviation
s.t.b.	és a többi	etc.
sz.	század	century
T.C.	Tisztelt Cím!	Sir, Madam (polite, written)
u.	utca	street
v.á.	végállomás	terminal
	vasútállomás	railway station
Szt.	Szent	saint
T	tanuló vezető	learner driver

Signs and notices *Feliratok*

A bejáratot kérjük szabadon hagyni	Do not block the entrance
Átjárás tilos	Trespassers will be prosecuted
Bejárat	Entrance
Belépés díjtalan	Admission free
Dohányzó	Smoking allowed
Eladó	For sale
Elfogyott	Sold out
Érintése tilos	Do not touch
Fáradjon be	Enter without knocking
Fel	Up
Férfi W.C.	Men's toilets
Foglalt	Reserved, occupied
Forró	Hot
Fürdeni tilos	Bathing forbidden
Halálveszély	Danger of death
Hideg	Cold
Húzni	Pull
Információ	Information
Ivóvíz	drinking water
Kérem, csengessen	Please ring
Kérjük az ajtót becsukni	Close the door
Kiadó	To let
Kiárusítás	Sale
Kijárat	Exit
Lift	Lift (elevator)
Magánterület	Private property
Magasfeszültség	High voltage
Nem működik	Out of order
Ne zavarjanak	Do not disturb
Női W.C.	Women's toilets
Nyitva	Open
Pénztár	Cash desk
Szabad	Vacant
Szoba kiadó	Room to let
Szemetelni tilos	No littering
... tilos	... prohibited
Tilos a belépés	No entry
Tilos a dohányzás	No smoking
Tolni	Push
Veszély	Danger
Vészkijárat	Emergency exit
Vigyázat	Caution
Vigyázat! Harapós kutya	Beware of the dog
Zárva	Closed

Emergency   *Szükséghelyzetek*

Call the police	Hívja a rendőrséget	hēēvyo o rændūrrshaygæt
Consulate	Konzulátus	kawnzoolaatoosh
DANGER	VESZÉLY	væsay^y
FIRE	TŰZ	tēwz
Gas (leak)	Gázszivárgás	gaazseevaargaash
Get a doctor	Hívjon orvost	hēēvyawn awrvawsht
Go away	Távozzék	taavawzzayk
HELP	SEGÍTSÉG	shæghēētshayg
Get help quickly	Hívjon gyorsan segítséget	hēēvyawn d^{y}awrshon shæghēētshaygæt
I'm ill	Beteg vagyok	bætæg vod^{y}awk
I'm lost	Eltévedtem	æltayvædtæm
Leave me alone	Hagyjon békén	hod^{y}awn baykayn
LOOK OUT	VIGYÁZAT	veed^{y}aazot
Poison	Méreg	mayræg
POLICE	RENDŐRSÉG	rændūrrshayg
Stop!	Álljon meg!	aalyawn mæg
STOP THIEF	FOGJÁK MEG, TOLVAJ	fawgyaak mæg tawlvoy

Emergency telephone numbers   *Közérdekű telefonszámok*

04	Ambulance
05	Fire
07	Police

Lost property—Theft   *Elveszett tárgyak – Lopás*

Where's the ...?	Hol van ...?	hawl von
lost property (lost and found) office	a talált tárgyak hivatala	o tollaalt taard^{y}ok heevotollo
police station	a rendőrség	o rændūrrshayg
I want to report a theft.	Szeretnék bejelenteni egy lopást.	særætnayk bæyælæntænee æd^y lawpaasht
My ... has been stolen.	Ellopták ...	ællawptaak
I've lost my ...	Elvesztettem ...	ælvæstættæm
handbag	a kézitáskámat	o kayzeetaashkaamot
passport	az útlevelemet	oz ōōtlævælæmæt
wallet	a pénztárcámat	o paynztaartsaamot

CAR ACCIDENTS, see page 78

Conversion tables

Centimetres and inches

To change centimetres into inches, multiply by .39.

To change inches into centimetres, multiply by 2.54.

	in.	feet	yards
1 mm.	0.039	0.003	0.001
1 cm.	0.39	0.03	0.01
1 dm.	3.94	0.32	0.10
1 m.	39.40	3.28	1.09

	mm.	cm.	m.
1 in.	25.4	2.54	0.025
1 ft.	304.8	30.48	0.305
1 yd.	914.4	91.44	0.914

(32 metres = 35 yards)

Temperature

To convert centigrade into degrees Fahrenheit, multiply centigrade by 1.8 and add 32.

To convert degrees Fahrenheit into centigrade, subtract 32 from Fahrenheit and divide by 1.8.

Kilometres into miles												
1 kilometre (km.) = 0.62 miles												
km.	10	20	30	40	50	60	70	80	90	100	110	120	130
miles	6	12	19	25	31	37	44	50	56	62	68	75	81

Miles into kilometres									
1 mile = 1.609 kilometres (km.)									
miles	10	20	30	40	50	60	70	80	90	100
km.	16	32	48	64	80	97	113	129	145	161

Fluid measures

1 litre (l.) = 0.88 imp. quart or = 1.06 U.S. quart

1 imp. quart = 1.14 l.	1 U.S. quart = 0.95 l.
1 imp. gallon = 4.55 l.	1 U.S. gallon = 3.8 l.

litres	5	10	15	20	25	30	35	40	45	50
imp. gal.	1.1	2.2	3.3	4.4	5.5	6.6	7.7	8.8	9.9	11.0
U.S. gal.	1.3	2.6	3.9	5.2	6.5	7.8	9.1	10.4	11.7	13.0

Weights and measures

1 kilogram or kilo (kg.) = 1000 grams (g.)

100 g. = 3.5 oz.	½ kg. = 1.1 lb.
200 g. = 7.0 oz.	1 kg. = 2.2 lb.

1 oz. = 28.35 g.
1 lb. = 453.60 g.

CLOTHING SIZES, see page 114/YARDS AND INCHES, see page 111

A very basic grammar

Hungarian is a unique, intricate, subtle language belonging to the Finno-Ugric family.* It's completely unrelated to Slavonic, Germanic or any other Indo-European tongue.

Hungarian words are higly derivative, various ideas and nuances being expressed by a root-word modified in different ways. Instead of prepositions ("to", "from", "in", etc.), Hungarian uses a variety of suffixes (tags added to the ends of words). Special endings are also added to verbs, pronouns and other parts of speech, e.g. kap (get), kapok (I get), kaphatok (I can get); könyv (book), könyvem (my book), könyveim (my books), könyveimben (in my books). The choice of suffix is partly governed by a complicated set of rules of vowel harmony, which means that the vowels in the root-word determine which alternative of the required suffix must be added e.g. Budapest**en** (**in** Budapest), Miskolc**on** (**in** Miskolc).

In some phrases in this book we have had no alternative but to leave the choice of suffix open, since it depends on the word you wish to insert in front of it. It's impossible for us to give here a watertight summary of the technicalities of vowel harmony. However, if you follow the rules of thumb given below you'll considerably shorten the odds on picking the correct suffix.

● If the basic word is dominated by "open" vowels (**e, é, i, í, ö, ő, ü, ű**), add that suffix which also contains an "open" vowel.

● If the basic word is dominated by "closed" vowels (**a, á, o, ó, u, ú**), add that suffix which also contains a "closed" vowel.

Don't worry about making a mistake, you'll be understood—and most likely complimented for trying hard!

---
* Its closest, yet still extremely distant, relative is Finnish.

Articles

1. Definite article (the):

The word for *the* is **a** before a word beginning with a consonant, and **az** before a vowel, in both singular and plural. It is indeclinable.

singular		plural	
a vonat	the train	**a vonatok**	the trains
az asztal	the table	**az asztalok**	the tables

2. Indefinite article (a/an):

The indefinite article is always **egy** (the same as the word for "one"). It is indeclinable.

egy vonat	a train	**egy asztal**	a table
vonatok	trains	**asztalok**	tables

Nouns

As in English, there is no grammatical gender. However, nouns take various endings depending on their case.

Here is a general model of the declension of nouns based on the word **könyv** (book), showing the endings to be added. Note, however, that endings are often subject to change according to the rules of vowel harmony.

case	singular	plural	usage
subject	**könyv**	**könyvek**	the book/s (is/are ...)
dir. obj.	**könyvet**	**könyveket**	(I read) the book/s
possess.	**könyvnek a**	**könyveknek a**	of the book/s
ind. obj.	**könyvnek**	**könyveknek**	to the book/s
place	**könyvben**	**könyvekben**	in the book/s
"from"	**könyvről**	**könyvekről**	from the book/s

Adjectives

1. The adjective precedes the noun, with no endings.

a piros autó   the red car   **a piros autók**   the red cars

2. The comparative of an adjective is formed by adding the endings **-bb**, **-abb**, **-ebb** or **-obb** to its simple form.

3. In the superlative, the adjective takes the same endings but is also preceded by **leg**. Here are some useful examples.

simple	comparative	superlative
jó good	**jobb** better	**legjobb** best
magas tall	**magasabb** taller	**legmagasabb** tallest
szép beautiful	**szebb** more beautiful	**legszebb** most beautiful
nagy big	**nagyobb** bigger	**legnagyobb** biggest

Personal pronouns

subject		direct object (me, etc.)	indirect object (to me, etc.)
I	**én**	**engem**	**nekem**
you	**maga***, **ön**	**magát***, **önt**	**magának***, **önnek**
you	**te**	**téged**	**neked**
he/she/it	**ő**	**őt**	**neki**
we	**mi**	**minket**	**nekünk**
you	**maguk***, **önök**	**magukat***, **önöket**	**maguknak***, **önöknek**
you	**ti**	**titeket**	**nektek**
they	**ők**	**őket**	**nekik**

* Polite form for "you".

Demonstratives

| this | **ez** | these | **ezek** | that | **az** | those | **azok** |

Possessives

To form the possessive case, take the definite article + the personal pronoun + the noun. The noun takes endings (again, governed by a complicated set of rules).

my book	**az én könyvem**	our book	**a mi könyvünk**
your book	**a maga könyve***	your book	**a maguk könyve***
your book	**a te könyved**	your book	**a ti könyvetek**
his/her book	**az ő könyve**	their book	**az ő könyvük**

Verbs

Because of the complexity of Hungarian verbs we have restricted ourselves to showing how to form the present and future tenses of verbs, including the special cases of the verbs "to be" and "to have".

1. Present tense of the verbs "to be" and "to have":

to be (**lenni**)			
I am	**én vagyok**	we are	**mi vagyunk**
you are	**maga van***	you are	**maguk vannak***
you are	**te vagy**	you are	**ti vagytok**
he/she/it is	**ő van**	they are	**ők vannak**

to have (**birtokolni**)			
I have	**nekem van**	we have	**nekünk van**
you have	**magának van***	you have	**maguknak van***
you have	**neked van**	you have	**nektek van**
he/she/it has	**neki van**	they have	**nekik van**

---

* Polite form for "you", "your".

2. Present tense of other verbs:

The present tense may be formed in various ways. Here is a common pattern for verbs ending in -s based on the infinitive **olvasni** (to read).

I read	**én olvasok**	we read	**mi olvasunk**
you read	**maga olvas***	you read	**maguk olvasnak***
you read	**te olvasol**	you read	**ti olvastok**
he/she reads	**ő olvas**	they read	**ők olvasnak**

Questions: **olvas?** = does he / she read? etc.

3. Future

A simple method of forming the future tense is to use the personal pronoun + the word corresponding to "shall" or "will" (**fogok/fogsz**, etc.) + the infinitive. Here we take the verb **vásárolni** (to shop) as an example (I shall shop/go shopping, etc.).

I ...	**én fogok vásárolni**	we ...	**mi fogunk vásárolni**
you ...	**maga fog vásárolni***	you ...	**maguk fognak vásárolni***
you ...	**te fogsz vásárolni**	you ...	**ti fogtok vásárolni**
he/she ...	**ő fog vásárolni**	they ...	**ők fognak vásárolni**

Negatives

In a sentence, the word **nem** is usually placed after the subject. There is also a change of word order (inversion).

| am here | **én itt vagyok** |
| am not here | **én nem vagyok itt** |

---

* Polite form for "you".

DICTIONARY

Dictionary
and alphabetical index

English–Hungarian

Szótár

a egy 159
abbey apátság 81
abbreviation rövidítés 154
about *(approximately)* körülbelül
153
above felett 15
abscess tályog 145
absorbent cotton vatta 108
accept, to elfogadni 62, 102
accessories kiegészítők 115,
alkatrészek 125
accident baleset 78, 139
accommodation szállás 22
account bankszámla 130
ache fájdalom 141
adaptor adapter 118
address cím 21, 31, 76, 79, 102
address book címregiszter 104
adhesive öntapadós 105
adhesive tape ragasztószalag 104
admission belépés 82, 155
Africa Afrika 146
after után 15, 77
afternoon délután 151, 153
after-shave lotion borotválkozás
utáni arcszesz 109
age életkor 149
ago ezelőtt 151
air bed gumimatrac 106
air conditioner légkondicionáló 28
air conditioning légkondicionálás
23, 28
airmail légiposta 133
airplane repülőgép 65
airport repülőtér 21, 65
alarm clock ébresztőóra 121

alcohol alkohol 38
alcoholic szeszes 59
all minden 103
allergic allergiás 141, 143
almond mandula 53
alphabet ábécé 9
also is 15
alter, to *(garment)* átalakítani 116
amazing elbűvölő 84
amber borostyán 122
ambulance mentő 79
American amerikai 93, 105, 126
American plan teljes ellátás 24
amethyst ametiszt 122
amount összeg 131
amplifier erősítő 118
anaesthetic érzéstelenítő 144, 145
and és 15
animal állat 85
ankle boka 139
anorak dzseki 115
another másik 123
antibiotic antibiotikum 143
antidepressant depresszió elleni
orvosság 143
antiques régiségek 83
antique shop régiségkereskedés
98
antiseptic fertőtlenítő 108
anyone valaki 12
anything valami 17, 25, 101, 112
anywhere valahol 89
aperitif aperitif 59
appendicitis vakbélgyulladás 142
appendix vakbél 138
appetizer előétel 40, 41

apple alma 53, 64, 119
apple juice almalé 60
appliance készülék 118
appointment megbeszélt találkozó 131
apricot sárgabarack 53
April április 150
archaeology régészet 83
architect építész 83
area code hívószám, körzetszám 134
arm kar 138, 139
arrangement *(set price)* kedvezmény 20
arrival érkezés 16, 65
arrive, to érkezni 65, 68
art *(képző)* művészet 83
art gallery *(képzőművészeti)* galéria 81, 98
artificial mesterséges 124
artist művész 81, 83
ashtray hamutartó 37
Asia Ázsia 146
ask for, to kérni 25, 61
asparagus spárga 52
aspirin aszpirin 108
asthma asztma 141
astringent timsó 109
at *(time)* -kor 15
    (space) -nál/-nél 15
at least legalább 24
at once azonnal 31
August augusztus 150
aunt nagynéni 93
Australia Ausztrália 146
Australian ausztrál
Austria Ausztria 146
automatic automata 20, 122, 124
autumn ősz 150
awful borzasztó 84

B
baby kisbaba 24, 110
baby food bébiétel 110
babysitter babysitter, pótmama 27
back hát 138
backache hátfájás 141
backpack hátizsák 106
bacon szalonna 49, 64

bad rossz 14, 95
bag táska 18 szatyor 103
baggage csomag, poggyász 18, 26, 31, 71
baggage cart poggyászkocsi 18, 71
baggage check poggyászmegőrző 67, 71
baked sült, sülve 45, 49
baker's pékség 98
balance *(account)* mérleg 131
balcony erkély 23
ball *(inflated)* labda 128
ballet balett 88
ball-point pen golyóstoll 104
banana banán 53
bandage kötszer 108
Band-Aid sebtapasz 108
bangle karperec 121
bangs frufru 30
bank *(finance)* bank 98, 129
banknote bankjegy 130
bar bár 34;
    (chocolate) tábla 64
barber's borbély 30, 98
basketball kosárlabda 89
bath *(hotel)* fürdőszoba 23, 25, 27
bathing cap fürdősapka 115
bathing hut kabin 91
bathing suit fürdőruha 115
bathrobe fürdőköpeny 115
bathroom fürdőszoba 23, 25, 27
bath salts fürdősó 109
bath towel fürdőtörülköző 27
battery elem 118, 121, 125;
    (car) akkumulátor 75, 78
bay leaf babérlevél 52
be, to lenni 161
beach strand 90
beach ball strandlabda 128
bean bab 52
beard szakáll 31
beautiful szép, gyönyörű 14, 84
beauty salon kozmetikai szalon 30, 98
bed ágy 24, 144
bed and breakfast szoba reggelivel 24
bedpan ágytál 144
beef marhahús 49
beer sör 58, 64
beet(root) cékla 52
before *(place)* előtt 15

DICTIONARY

Szótár

bucket vödör 120, 128
buckle csat 116
build, to építeni 83
building épület 81, 83
building blocks építőkocka 128
bulb *(light)* villanykörte 28, 75, 118
burn égés 139
burn out, to *(bulb)* kiég 28
bus busz, autóbusz 18, 19, 65, 72, 73
business üzlet l6, 131
business district üzleti negyed 81
business trip üzleti út 93
bus stop buszmegálló 72, 73
busy sok dolga van 96
but de 15
butane gas butángáz 32, 106
butcher's hentes 98
butter vaj 36, 64, 119
button gomb 29, 116
buy, to venni 100, 104

C

cabana kabin 91
cabbage káposzta 49
cabin *(ship)* kabin 74
cable távirat 133
cable release kábeles kioldó 125
café kávéház 34
cake sütemény 54, 64
calculator számológép 105
calendar naptár 104
call *(phone)* telefonbeszélgetés 135, 136
call, to *(give name)* hívni 11; *(phone)* 136; *(summon)* 78, 156
call back, to visszahívni 136
calm nyugodt 91
cambric vászon 113
camel-hair teveszőr 113
camera fényképezőgép 124, 125
camera case fényképezőgép tok 125
camera shop fotó szaküzlet 98
camp, to kempingezni 32
campbed kempingágy 106
camping kemping 32
camping equipment kempingfelszerelés 106

camp site kemping 32
can *(container)* konzerv 120
can *(to be able)* -hat, -het 159
Canada Kanada 146
Canadian kanadai 93
cancel, to töröltetni 65
candle gyertya 106
candy cukor(ka) 126
can opener konzervnyitó 120
cap sapka 115
capital *(finance)* tőke 131
car autó, gépkocsi 19, 20, 75, 76, 78
carat karát 121
caravan lakókocsi 32
caraway köménymag 52
carbon paper indigó 104
carburettor karburátor 78
card kártya 93, névjegy 131
card game játékkártya 128
cardigan kardigán 115
car hire autókölcsönzés 20
carp ponty 47
car park parkoló 77
car racing autóversenyzés 89
car radio autórádió 118
car rental autókölcsönzés 20
carrot sárgarépa 49
carry, to vinni 21
cart kézikocsi 18
carton *(of cigarettes)* karton (cigaretta) 17
cartridge *(camera)* filmpatron 124
case *(cigarettes etc)* tárca 121; tok 123, 125
cash, to beváltani 130
cash desk pénztár 103, 155
cassette kazetta 118, 127
castle vár 81
catalogue katalógus 82
cathedral katedrális 81
Catholic katolikus 84
cauliflower karfiol 52
caution vigyázat 155
cave barlang 81
celery zeller 52
cemetery temető 81
centimetre centiméter 111
centre *(város)*központ 19, 21, 76, 81
century évszázad 149
ceramics kerámiák 83

cereal müzli 39
certificate *(medical)* igazolás 144
chain *(jewellery)* lánc 121
chain bracelet karlánc 121
chair szék 106
chamber music kamara zene 128
change *(money)* apró 77, 130
change, to megváltoztatni 65, 68, 73, kicserélni 75, 123; *(money)* (pénzt) váltani 18, 130
chapel kápolna 81
charcoal faszén 106
charge bérleti díj 20, 90; költség 136
charm *(trinket)* kabala 121
cheap olcsó 14, 24, 25, 101
check csekk 130; *(restaurant)* számla 62
check, to ellenőriz 75, 123; *(luggage)* feladni 71
check in, to *(airport)* bejelentkezni (becsekkelni) 65
check-in *(airport)* bejelentkezés 65
check out, to eltávozni 31
checkup *(medical)* kivizsgálás 142
cheers! egészségére! 58
cheese sajt 55, 64, 119
cheque csekk 130, 131
cherry cseresznye 53
chess sakk 93
chess set sakk 128
chest mellkas 138, 141
chestnut gesztenye 53
chewing gum rágógumi 126
chewing tobacco dohány 126
chicken csirke 51, 63
chiffon sifon 113
child gyerek 24, 61, 82, 93, 139, 150
children's doctor gyermekorvos 137
China Kína 146
chips sült krumpli, hasábburgonya 46,
chocolate csokoládé 119, 126; *(hot)* kakaó 39
chocolate bar tábla csokoládé 64
Christmas Karácsony 152
chromium króm 122
church templom 81, 84
cigar szivar 126
cigarette cigaretta 17, 95, 126

cigarette case cigarettatárca 121, 126
cigarette holder cigaretta szipka 126
cigarette lighter öngyújtó 121
cine camera filmfelvevőgép 124
cinema mozi 86, 96
circle *(theatre)* erkély 87
city város 81
classical klasszikus 128
clean tiszta 61
clean, to kitisztítani, lemosni 29, 76
cleansing cream tisztító krém 109
cliff szikla 85
clip melltű 121
cloakroom ruhatár 87
clock falióra 121; óra 153
clock-radio órás rádió 118
close *(near)* közel 78, 98
close, to (be) zárni 11, 82, 107, 132
closed zárva 155
cloth vászon 117
clothes ruhaneműk 29, 115
clothes peg ruhacsipesz 120
clothing ruházkodás 111
cloud felhő 94
clove szegfűszeg 52
coach *(bus)* távolsági busz 72
coat kabát 115
cod tőkehal 47;
coffee kávé 39, 60, 64
coin érme 83
cold hideg 14, 25, 61, 94
cold *(illness)* nátha 107, 141
cold cuts hideg sült hús 64
collar gallér 116
collect call R-beszélgetés 135
colour szín 103, 111, 124, 125
colour chart színtábla 30
colourfast színtartó 113
colour rinse bemosás 30
colour shampoo bemosó sampon 110
comb fésű 110
come, to jönni 37, 92, 95, 137, 146
comedy vígjáték 86
commission átváltási jutalék 130
common *(frequent)* gyakran használt 154
compact disc CD lemez 127
compartment fülke 70
compass iránytű 106

deck chair nyugágy 91, 106
declare, something to (customs) elvámolni való 17
delicatessen csemege bolt 98
deliver, to szállítani 102
delicious finom 62
delivery szállítás 102
denim pamutvászon 113
Denmark Dánia 146
dentist fogorvos 98, 145
denture műfogsor 145
deodorant dezodor 109
department (museum) részleg 83; (shop) osztály 100
department store áruház 98
departure indulás 65
deposit letét 20, 130
dessert édesség, desszert 38, 41, 54
detour (traffic) forgalomelterelés 79
develop, to előhívni 124
diabetic cukorbeteg 38, 141
dialling code hívószám 134
diamond gyémánt 122
diaper pelenka 110
diarrhoea hasmenés 140
dictionary szótár 12, 104
diesel diesel olaj 75
diet fogyókúra 38
difficult nehéz 14
difficulty nehézség 28, 102; probléma 141
digital digitális 122
dill kapor 52
dine, to ebédelni, vacsorázni 35
dining car étkezőkocsi 66, 68, 71
dining room ebédlő 27
dinner vacsora 35, 94
direct közvetlen 65
direct to, to megmutatni merre van 13
direction irány 76
director (theatre) rendező 86
directory (phone) telefonkönyv 134
disabled rokkant 82
disc lemez 127
discotheque diszkó 88, 96
discount kedvezmény, leértékelés 131
disease betegség 142
dish étel 38

disinfectant fertőtlenítő 108
dislocate, to kiugrani 140
dissatisfied elégedetlen 103
district (town) negyed 81
disturb, to zavarni 155
diversion (traffic) forgalomelterelés 79
dizzy, to feel szédülni 140
doctor orvos 79, 137, 144, 145
doctor's office orvosi rendelő 137
dog kutya 155
doll baba 128
dollar dollár 18, 130
door ajtó 155
double bed franciaágy 23
double room kétágyas szoba 19, 23
down le 15
downstairs lent 15
downtown belváros 81
dozen tucat 149
drawing paper rajzlap 105
drawing pin rajzszög 105
dress ruha 115
dressing gown pongyola 115
drink ital, innivaló 40, 59, 60, 61
drink, to inni 36, 37
drinking water ivóvíz 32
drip, to (tap) csöpög 28
drive, to vezetni 21
driving licence jogosítvány 16, 20, 79
drop (liquid) csepp 108
drugstore gyógyszertár 98, 107
dry száraz 30, 57, 110
dry cleaner's (vegy)tisztító 29, 98
duck kacsa 51
dummy cumi 110
during közben 15
duty (customs) vám 17
dye festés 30, hajfestés 110

E

each minden 149
ear fül 138
earache fülfájás 141
ear drops fülcsepp 108
early korán 14
earring fülbevaló 121
east kelet 77
Easter Húsvét 152

easy könnyű 14
eat, to enni 37, 144
eat out, to étteremben enni 33
egg tojás 39, 64, 119
eight nyolc 147
eighteen tizennyolc 147
eighth nyolcadik 149
eighties nyolcvanas évek 149
eighty nyolcvan 148
elastic rugalmas 108
elastic bandage rugalmas fásli 108
Elastoplast sebtapasz 108
electric(al) elektromos 118
electrical appliance elektromos készülék 118
electricity áram 32
electronic elektromos 128
elevator lift 27, 100
eleven tizenegy 147
embankment *(river)* folyópart 81
embarkation point hajóállomás 74
emerald smaragd 122
emergency szükséghelyzet 156
emergency exit vészkijárat 27, 99, 155
emery board körömreszelő 109
empty üres 14
enamel zománc 122
end vége 150
engaged *(phone)* foglalt 136
engagement ring eljegyzési gyűrű 122
engine *(car)* motor 78
England Anglia 146
English angol 12, 80, 82, 84, 104, 126
enjoy, to jól érezni magát 92, 96
enjoy oneself, to jól érezni magát 96
enlarge, to kinagyítani 125
enough elég 14
enquiry információ 68
entrance bejárat 67, 99, 155
entrance fee belépő 82
envelope boríték 27, 104
equipment felszerelés 106
eraser radír 105
escalator mozgólépcső 100
Europe Európa 146
evening este 87, 95, 96, 151, 153
evening dress alkalmi öltözet 88; *(woman)* estélyi ruha 115

everything minden 31
examine, to megvizsgálni 139
exchange, to kicserélni 103
exchange rate áváltási árfolyam 18, 130
excursion kirándulás 80
excuse, to elnézést kérni 10
exercise book füzet 105
exhaust pipe kipuffogó 78
exhibition kiállítás 81
exit kijárat 67, 99, 155
expect, to várni 130
expenses költség 131
expensive drága 14, 19, 24, 101
exposure *(photography)* kép 124
exposure counter kioldásszámláló 125
express expressz 133
expression kifejezés 10
expressway autópálya 76
extension *(phone)* mellék 135
extension cord/lead hosszabbító 118
external külső 108
extra pót 24; még egy 27
eye szem 138, 139
eyebrow pencil szemöldökceruza 109
eye drops szemcsepp 108
eyeliner szemceruza 109
eye shadow szemfesték 109
eyesight látás 123
eye specialist szemész 137

F
fabric *(cloth)* szövet 112
face arc 138
face pack arcpakolás 30
face powder púder 109
factory gyár 81
fair vásár 81
fall *(autumn)* ősz 150
fall, to elesni 139
family család 93, 144
fan ventillátor 28
fan belt ékszíj 75
far távol, messze 14, 100
fare viteldíj 21, 67
farm tanya 85
fat *(meat)* zsír 38

fried egg tükörtojás 39
friend barát(nő) 93, 95
fringe frufru 30
frog béka 48
from -ból, -ből 15
front elöl 75
front utcai oldalon 23
frost fagy 94
fruit gyümölcs 53
fruit salad gyümölcs saláta 53
fruit juice gyümölcslé 38, 39, 60
frying pan serpenyő 120
full tele 14
full board teljes ellátás 24
full insurance teljeskörű biztosítás 20
furniture bútor 83
furrier's szőrmekereskedés 98

G

gabardine gabardin 113
gallery galéria 81, 98
game játék 128;
   (food) vadétel 51
garage *(repairs)* autójavító műhely 78
garden kert 85
gardens park 81
garlic fokhagyma 52
gas(leak) gáz(szivárgás) 156
gasoline benzin 75, 78
gastritis gyomorhurut 142
gauze géz 108
gem ékkő 121
general általános 100
general delivery poste restante 133
general practitioner általános orvos 137
genitals nemi szervek 138
genuine valódi 117
geology geológia 83
Germany Németország 146
get, to *(find)* találni 11; eljutni 19; kapni 21, 32;
   (call) hívni 31;
   (go) eljutni 100
get off, to leszállni 73
get to, to eljutni 19; érkezni 70
get up, to felkelni 144
gherkin uborka 64

gift ajándék 17
gin gin 59
gin and tonic gin tonikkal 59
girdle öv 115
girl lány 111;
   (child) kislány 128
girlfriend barátnő 93
give, to adni 123, 135
give way, to *(traffic)* elsőbbséget adni 79
gland mirigy 138
glass pohár 37, 61, 143
glasses szemüveg 123
gloomy borongós 84
glove kesztyű 115
glue ragasztó 105
go, to menni 96
go away, to távozni 156
gold arany 121, 122
golden arany 112
gold plate aranyozott 122
golf golf 90
golf course golfpálya 90
good jó 14, 101
goodbye viszontlátásra 10
goose liba 51
gooseberry egres 53
gram gramm 119
grammar book nyelvtankönyv 105
grape szőlő 53, 64
grapefruit grapefruit 60
grapefruit juice grapefruitlé 39, 60
gray szürke 112
graze horzsolás 139
greasy zsíros 110
great *(excellent)* nagyszerű 95
Great Britain Nagy-Britannia 146
Greece Görögország 146
green zöld 112
green bean zöldbab 52
greengrocer's zöldséges 98
greeting köszönés 10
grey szürke 112
grilled roston sült 49
grocery élelmiszerbolt 98, 119
groundsheet sátorlap 106
group csoport 82
guide idegenvezető 80
guidebook útikalauz, útikönyv 82, 104, 105
gum *(teeth)* fogíny 145
gynaecologist nőgyógyász 137

H

hair haj 30, 110
hairbrush hajkefe 110
haircut hajvágás 30
hairdresser's fodrászat 30, 98
hair dryer hajszárító 118
hairgrip hajcsat 110
hair lotion hajbalzsam 110
hair slide hajcsat 110
hairspray hajlakk 30, 110
half fél 149
half fél, fele 149
half an hour fél óra 153
half board félpanzió, napi két étkezés 24
half price (ticket) félárú jegy 69
hall (large room) terem 81, 88
hall porter portás 26
ham sonka 39, 49, 63, 64
ham and eggs sonka tojással 39
hammer kalapács 120
hammock függőágy 106
hand kéz 138
handbag táska 115, 156
hand cream kézkrém 109
handicrafts kézművesség 83
handkerchief zsebkendő 115
handmade kéziszövésű 112
hanger akasztó 27
happy boldog 152
harbour kikötő 81
hard kemény 123
hard-boiled (egg) kemény (tojás) 39
hardware store vasedény bolt 99
hat kalap 115
have, to birtokolni 161
hay fever szénanátha 107, 141
hazelnut mogyoró 53
he ő 161
head fej 138, 139
headache fejfájás 141
headphones fülhallgató 118
head waiter főpincér 61
health insurance (beteg)biztosítás 144
health insurance form (beteg)biztosítási ív 144
heart szív 138
heart attack szívinfarktus 141
heating fűtés 28
heavy nehéz 14, 101

heel sarok 117
helicopter helikopter 74
hello! szia 10
  (phone) halló 135
help segítség 156
help! segítség! 156
help, to segíteni 13, 21, 71, 100
her az ő... 162
here itt 14
high (blood pressure) magas 141
high season főszezon 150
hill hegy 85
hire kölcsönzés 20
hire, to bérelni, kölcsönözni 19, 20, 90, 91;
  (for hire) kiadó 155
his az ő ... 162
history történelem 83
hitchhike, to stoppolni 74
hold on! (phone) tartsa a vonalat 136
hole lyuk 29
holiday ünnepnap 151
holidays szabadság 16, 151
home address lakcím 25
honey méz 39
hope, to remélni 96
hors d'oeuvre előétel 42
horseback riding lovaglás 89, 91
horse racing lóversenyzés 89
hospital kórház 99, 144
hot meleg 14, 25, 94; forró 39, 155
hotel szálloda 19, 21, 22
hotel guide szállodajegyzék 19
hotel reservation szállodai szobafoglalás 19
hot water meleg víz 23, 28; forró víz 39
hot-water bottle ágymelegítő 27
hour óra 80, 143, 153
house ház 83, 85
household háztartás 120
how hogy 11
how far milyen messze 11, 76, 85
how long mennyi ideig, meddig 11, 24
how many mennyi, hány 11
how much mennyi 11, 24
hundred száz 148
Hungarian magyar 11, 12, 95, 113
Hungary Magyarország 146
hungry, to be éhes(nek) lenni 13

hunt, to vadászni 90
hurry (to be in a) sietni 21, 37
hurt, to fájni 139, 140, 145;
  (oneself) megütni, megsérülni 139
husband férj 93

I

I én 161
ice jég 94
ice-cream fagylalt 55, 63, 64
ice cube jégkocka 27
ice pack hűtőtáska 106
ill beteg 140, 156
illness betegség 140
important fontos 13
imported import 112
impressive lenyűgöző 84
in -ban, -ben 15
include, to magában foglalni
  (benne van) 20, 24, 31, 32, 62, 80
included, to be benne van 40, 62
India India 146
indigestion gyomorrontás 141
indoor *(swimming pool)* fedett 90
inexpensive olcsó 36, 124
infect, to fertőzni 140
infection fertőzés 141
inflammation gyulladás 142
inflation infláció 131
inflation rate inflációs ráta 131
influenza influenza 142
information információ 67, 155
injection injekció 142, 144
injure, to megsérülni 139
injured sérült 79, 139
injury sérülés 139
ink tinta 105
inn csárda 33
inquiry információ 68
insect bite rovarcsípés 107, 139
insect repellent rovarirtó 108
insect spray rovarirtó spray 108
inside bent 15
instead helyett 38
insurance biztosítás 20, 79, 144
insurance company biztosító
  (társaság) 79
interest kamat 131
interested, to be érdeklődni 83, 96
interesting érdekes 84

international nemzetközi 134
interpreter tolmács 131
intersection keresztút 77
introduce, to bemutatni 92
introduction *(social)* bemutatkozás
  92
investment befektetés 131
invitation meghívás 94
invite, to meghívni 94
invoice számla 131
iodine jód 108
Ireland Írország 146
Irish ír 93
iron *(laundry)* vasaló 118
iron, to kivasalni 29
ironmonger's vasáru bolt 99
Italy Olaszország 146
its az ő 162
ivory elefántcsont 122

J

jacket *(man)* zakó 115;
  (woman) blézer
jade jáde 122
jam lekvár 39, 119
jam, to beszorulni 28; megakadni
  125
January január 150
Japan Japán 146
jar üveg 119
jaundice sárgaság 142
jaw állkapocs 138
jazz dzsessz 128
jeans farmer 115
jewel box ékszeres doboz 121
jeweller's ékszerbolt 99, 121
jewellery ékszer 121
joint ízület 138
journey utazás 72; út 152
juice lé 38, 60
July július 150
June június 150
just *(only)* csak 16, 100

K

kerosene petróleum 106
key kulcs 27
kidney vese 138

kilo(gram) kiló (gramm) 119
kilometre kilométer 20
kind kedves 95
knee térd 138
knife kés 37, 61, 120
know, to tudni 16, 24; ismerni 96, 113

L
label címke 105
lace csipke 113
lady nő 155
lake tó 81, 85, 90
lamp lámpa 29, 106, 118
lantern lámpás 106
large nagy 20, 101, 117
last utolsó 14, 68, 73; múlt 151
last name (családi) név 25
late későn 14
later később 135
laugh, to nevetni 95
launderette mosoda 99
laundry (place) patyolat, mosoda 29, 99;
(clothes) mosnivaló 29
laundry service mosoda 23
laxative hashajtó 109
lead (metal) ólom 7
leap year szökőév 149
leather bőr 113, 117
leave, to (depart) indulni 31, 68, 74; elmenni 95;
(deposit) hagyni 26, 71
leave alone, to békén hagyni 96, 156
left bal 21, 63, 69, 77
left-luggage office poggyászmegőrző 67, 71
leg láb 138
lemon citrom 38, 39, 53, 60, 64
lemonade limonádé 60
lemon juice citromlé 60
lens (glasses) lencse 123;
(camera) lencse 125
lens cap lencsefedő 125
lentil lencse 52
less kevesebb 15
lesson lecke 91
let, to (hire out) kiadó 155

letter levél 132
letter box postaláda 132
letter of credit hitellevél 130
lettuce saláta 52
level crossing vasúti átjáró 79
library könyvtár 81, 99
licence (permit) jogosítvány 20, 79
lie down, to lefeküdni 142
life belt mentőöv 74
life boat mentőcsónak 74
lifeguard (vízi)mentőszolgálat, úszómester 91
lift lift 27, 100
light könnyű 14, 55, 101, 128;
(colour) világos 101, 111, 112
light világítás 28; fény 124;
(cigarette) tűz 95
lighter öngyújtó 126
lighter fluid öngyújtó benzin 126
lighter gas öngyújtó gáz 126
light meter fénymérő 125
lightning villámlás 94
like, to szeretni 13, 20, 23, 103, 112;
(take pleasure) tetszeni 25, 102
linen (cloth) vászon 113
lip ajak 138
lipsalve szőlőzsír 109
lipstick rúzs 109
liqueur likőr 59
listen, to (meg)hallgatni 128
litre liter 75, 119
little (a) egy kis 14
live, to élni 83
liver máj 49, 138
local helyi 37, 69
London London 28, 130
long sokáig 61; hosszú 115
long-sighted távollátó 123
look, to nézelődni 100; nézni 123
look for, to keresni 13
look out! vigyázat 156
loose (clothes) bő 115
lose, to elveszteni 123, 156
loss veszteség 131
lost, to get eltévedni 13, 156
lost and found office talált tárgyak irodája/ hivatala 67, 156
lost property office talált tárgyak irodája/ hivatala 67, 156
lot (a) sok 14

lotion arcszesz 109
loud *(voice)* hangos 135
love, to szeretni 95
lovely gyönyörű 94
low alacsony 141
lower alsó 69, 71
low season holt szezon 150
luck szerencse 152
luggage csomag, poggyász 18, 26, 31, 71
luggage locker poggyászmegőrző 18, 67, 71
luggage trolley poggyász (kézi) kocsi 18, 71
lump *(bump)* csomó 139
lunch ebéd 35, 80, 94
lung tüdő 138

M

machine gép 113
magazine folyóirat 105
magnificent pompás 84
maid szobalány 26
mail posta 28, 133
mail, to feladni 28
mailbox postaláda 132
main *(most important)* legfontosabb 80
make, to csinálni 71
make up, to *(prepare)* elkészíteni 107
make-up remover pad make-up eltávolító 109
man férfi 114, 155
manager igazgató 26
manicure manikűr 30
many sok 15
map térkép 76, 105
March március 150
marjoram majoránna 52
market piac 81, 99
married házas 93
mass *(church)* mise 84
match gyufa 126; *(sport)* meccs 89
match, to *(colour)* illeni 112
matinée matiné 87
mattress matrac 106
mauve mályvaszínű 112

May május 150
may *(can)* -hat/-het 12, 159
meadow rét 85
meal étkezés 24, 35, 143
mean, to jelenteni 11, 26
means eszközök 74
measles kanyaró 142
measure, to megmérni 113
meat hús 49, 61
meatball húsgombóc 45
mechanic szerelő 78
mechanical pencil töltőceruza 105, 121
medical orvosi 144
medical certificate orvosi igazolás 144
medicine orvostudomány 83; *(drug)* gyógyszer/orvosság 143
medium *(meat)* közepesen kisütve 49
medium-sized közepes(méretű) 20
meet, to találkozni 96
melon dinnye 53
memorial emlékmű 81
mend, to megjavítani 75
menthol *(cigarettes)* mentolos 126
menu menü m 37; *(printed)* étlap 37, 40
merry boldog 152
message üzenet 28, 136
metre méter 111
mezzanine *(theatre)* erkély 87
middle középső 69; közepe 150
midnight éjfél 153
mild gyenge 126
mileage kilométer járulék 20
milk tej 39, 60, 64
milliard milliárd 148
million millió 148
mineral water ásványvíz 60
minister *(religion)* plébános 84
minute perc 153
mirror tükör 114, 123
miscellaneous vegyes 127
Miss kisasszony 10
miss, to hiányzik 18, 29, 61
mistake hiba 31, 62, 102
moccasin mokasszin 117
modified American plan napi két étkezés/félpanzió 24
moisturizing cream hidratáló krém 109

moment pillanat 136
monastery kolostor 81
Monday hétfő 151
money pénz 129, 130
money order pénzbefizetés 133
month hónap 16, 150
monument emlékmű 81
moon hold 94
moped moped 74
more több 14
morning reggel, délelőtt 151, 153
mortgage jelzálog 131
mosque mecset 84
mosquito net szúnyogháló 106
mother édesanya 93
motorbike motorkerékpár 74
motorboat motorcsónak 91
motorway autópálya 76
mountain hegy 85
moustache bajusz 31
mouth száj 138
mouthwash szájvíz 108
move, to mozgatni 139
movie film 86
movie camera filmfelvevőgép 124
movies mozi 86, 96
much sok 14
mug bögre 120
mulberry szeder 53
muscle izom 138
museum múzeum 81
mushroom gomba 52
music zene 83, 128
musical musical 86
must kell 31, 37, 61
mustard mustár 64
my az én 162

N

nail (human) köröm 109
nail brush körömkefe 109
nail clippers körömolló 110
nail file körömreszelő 109
nail polish körömlakk 109
nail polish remover körömlakk
  lemosó 109
nail scissors körömolló 109
name név 25, 79, 85
napkin szalvéta 37, 105

nappy pelenka 110
narrow keskeny 117
nationality nemzetiség 25, 92
natural history
  természettudomány 83
nauseous, to feel hányingere van
  140
near közel 14, 15
nearby a közelben 77, 84
nearest legközelebbi 73, 75, 78, 98
neat (drink) tisztán 59
neck nyak 138;
  (nape) nyak 30
necklace nyaklánc 121
necessary szükséges 88
need, to szüksége van ... -ra/-re 29
needle tű 27
negative negatív 124, 125
nephew unokaöccs 93
nerve ideg 138
nervous system idegrendszer 138
never soha 15
new új 14
newsagent's újságos 99
newspaper újság 104, 105
newsstand újságos 19, 67, 99, 104
New Year Újév 152
New Zealand Új-Zéland 146
next következő 14, 65, 68, 73, 76;
  jövő 151
next time legközelebb 95
next to mellett 15, 77
nice (beautiful) szép 94
niece unokahúg 93
night éjszaka 24, 151
night club éjszakai klub 88
night cream éjszakai krém 109
nightdress hálóing 116
nine kilenc 147
nineteen tizenkilenc 147
ninety kilencven 148
ninth kilencedik 149
no nem 10
noisy zajos 25
nonalcoholic alkoholmentes 60
none egyik sem 15
nonsmoker nemdohányzó 37, 70
noodle galuska 46
noon dél 31, 153
normal normál 30
north észak 77
North America Észak-Amerika 146

Norway Norvégia 146
nose orr 138
nosebleed orrvérzés 141
nose drops orrcsepp 108
not nem 15, 163
note *(banknote)* bankjegy, címlet 130
notebook jegyzettömb 105
note paper írólap 105
nothing semmi 15, 17
notice *(sign)* felirat 155
notify, to értesíteni 144
November november 150
now most 15
number szám 26, 65, 134, 136
nurse nővér 144
nutmeg szerecsendió 52

O

occupation foglalkozás 25
occupied foglalt 14, 155
o'clock óra 153
October október 150
office iroda, hivatal 19, 67, 99, 156
oil olaj 38, 75
oily *(greasy)* zsíros 30, 110
old öreg, régi 14
old town régi városnegyed 81
omelet omlett 43
on -on/-en/-ön 15
    (onto) -ra/-re
on and off változó 140
once egyszer 149
one egy 147
one-way *(ticket)* csak oda 65, 69
    (street) egyirányú 79
on foot gyalog 76
onion hagyma 52
only csak 15, 24, 80
on time időben 68
onyx óniksz 122
open nyitva 14, 82, 155
open, to (ki)nyitni 11, 17, 107, 130, 132, 142
open-air szabadtéri 90
opera opera 72, 88
opera house opera(ház) 81, 88
operation operáció 144
operator központ 134

operetta operett 88
opposite szemben 77
optician látszerész 99, 123
or vagy 15
orange narancssárga 112
orange narancs 53, 64
orange juice narancslé 39, 60
orchestra zenekar 88;
    (seats) földszint 87
order *(goods, meal)* (meg)rendelés 37, 102
order, to *(goods, meal)* (meg)rendelni 61, 102, 103
ornithology madártan 83
other egyéb, más 59, 74
our a mi... 162
out of order nem működik 155
out of stock elfogyott 103
outlet *(electric)* konnektor 27
outside kint 15, 37
oval ovális 101
overalls overall 115
overdone oda van égetve 61
overheat, to *(engine)* túlforrósodni 78
overnight *(stay)* éjszakára 24
overtake, to előzni 79
owe, to tartozni 144

P

pacifier *(baby's)* cumi 111
packet csomag 119, 126
pail vödör 128
pain fájdalom 140, 141, 144
painkiller fájdalomcsillapító 140
paint festék 105
paint, to festeni 83
paintbox festékdoboz 105
painter festő 83
painting festészet 83
pair pár 115, 117, 149
pajamas pizsama 116
palace palota 81
palpitation szívdobogás 141
pancake palacsinta 63
panties bugyi 115
pants *(trousers)* nadrág 115
panty girdle harisnyatartó 115
panty hose harisnyanadrág 115

paper papír 105
paperback zsebkönyv 105
paperclip gemkapocs 105
paper napkin papírszalvéta 105, 120
paraffin *(fuel)* petróleum 106
parcel csomag 132, 133
pardon tessék 11
parents szülők 93
park park 81
park, to parkolni 77
parking parkolás 77, 79
parking meter parkolóóra 77
parliament parlament 81
parsley petrezselyem 52
part rész 138
party *(social gathering)* parti 95
pass *(mountain)* hágó 85
pass, to *(car)* előzni 79
passport útlevél 16, 17, 25, 26, 156
passport photo útlevélkép 124
pass through, to átutazóban lenni 16
pasta tészta 46
paste *(glue)* ragasztó 105
pastry sütemény 64
pastry shop cukrászda 99
patch, to *(clothes)* megfoltozni 29
path ösvény 85
patient páciens 144
pay, to fizetni 31, 62, 102
payment fizetés, fizettség 102, 131
pea zöldborsó 52
peach őszibarack 53, 119
peak hegycsúcs 85
pear körte 53
pearl gyöngy 122
pedestrian gyalogos 79
peg *(tent)* cövek 107
pen toll 105
pencil ceruza 105
pencil sharpener hegyező 105
pendant függő 121
penicilline penicillin 143
penknife zsebkés 106
pensioner nyugdíjas 82
people emberek 92
pepper bors 38, 39, 64; paprika 52
per cent százalék 149
percentage százalék 131
per day naponta, egy napra 20, 32, 90

perform, to *(theatre)* játszani 86
performance előadás 87
perfume kölni 109
perhaps talán 15
per hour óránként 77, 90
period *(monthly)* menstruáció 141
period pains menstruációs fájdalmak 141
permanent wave tartós hullám 30
permit engedély 90
per night egy éjszakára 24
per person személyenként 32
person személy 32; fő 37
personal személyes 17
per week egy hétre/hetente 20, 24
petrol benzin 75, 78
pewter ón 122
pheasant fácán 51
photo fénykép, fotó 125
photocopy fénymásolat 131
photograph, to fényképezni 82
photographer fényképész 99
photography fényképészet 124
phrase kifejezés 12
pick up, to *(person)* felvenni 80, 96
picnic piknik 63
picnic basket kosár 106
picture *(painting)* kép 83; *(photo)* fénykép 82
piece darab 119
pig malac 50
pike csuka 47
pill tabletta 141, 143
pillow párna 27
pin tű 109, 110, 121
pineapple ananász 53
pink rózsaszín 112
pipe pipa 126
pipe cleaner pipatisztító 126
pipe tobacco pipadohány 126
pipe tool pipapiszkáló 126
place hely 25, 76
place of birth születés helye 25
plane repülőgép 65
planetarium planetárium 81
plaster *(cast)* gipsz 140
plastic műanyag 120
plastic bag nylon szatyor 120
plate tányér 37, 61, 120
platform *(station)* vágány 67, 68, 69, 70
platinum platina 122

play *(theatre)* darab 86
play, to játszani 86, 88, 89
playground játszótér 32
playing card kártya 105
please kérem 10
plimsolls tornacipő 117
plug *(electric)* dugó 29
plum szilva 53
pneumonia tüdőgyulladás 142
pocket zseb 116
pocket calculator zsebszámológép 105
pocket watch zsebóra 121
point, to *(show)* (meg) mutatni 12
poison méreg 108, 156
poisoning mérgezés 142
police rendőrség 78, 156
police station rendőrség 99, 156
polish *(nails)* (köröm) lakk 109
pond tó 85
pop music popzene 128
poplin puplin/ballon 113
poppy mák 44
porcelain porcelán 127
pork sertés 49
port *(hajó)* állomás 74
portable hordozható 118
porter hordár 18, 71;
 (hotel) hordár/boy 26
portion adag 38, 55, 61
Portugal Portugália 146
possible lehet 137
post *(letters)* posta 28, 133
post, to feladni 28
postage postaköltség 132
postage stamp bélyeg 28, 126, 132
postcard képeslap 126, 132
poste restante poste restante 133
post office posta 99, 132
potato burgonya, krumpli 46, 52
pottery cserépedény, kerámia 83, 127
poultry szárnyas 51
pound *(money)* font 18, 130;
 (weight) font 119
powder púder 109
powder compact púdertartó 122
powder puff púder pamacs 109
pregnant terhes 141
premium *(gasoline)* szuper 75
prescribe, to felírni 143
prescription recept 107, 143

present ajándék 17
press, to *(iron)* vasalni 29
press stud patentgomb 116
pressure nyomás 141
pretty szép 84
price ár 154
priest pap 84
print *(photo)* kép 125
private külön, privát, magán 23, 80, 91, 155
processing *(photo)* előhívás 124
profession foglalkozás 25
profit profit 131
programme műsor (füzet) 87
prohibited tilos 155
pronunciation kiejtés 6
propelling pencil töltőceruza 105, 122
propose, to ajánlani 37
Protestant református 84
provide, to biztosítani 131
public holiday hivatalos ünnep 152
pull, to húzni 155
pullover pulóver 116
puncture defektes gumi 75
purchase vétel 131
pure tiszta 113
purple bordó 112
push, to tolni 155
put, to tenni 24
pyjamas pizsama 116

Q
quality minőség 112
quantity mennyiség 14
quarter negyed 149;
 (part of town) negyed 81
quarter of an hour negyed 153
quartz quartz 122
question kérdés 11
quick gyors 14, 156
quickly gyorsan 79, 156
quiet csendes 23, 25

R
rabbi rabbi 84
rabbit nyúl 48
race course/track pálya 90
racket *(sport)* ütő 90

DICTIONARY

radiator *(car)* hűtő 78
radio *(set)* rádió 23, 118
railroad crossing vasúti átjáró 79
railway vasút 154
railway station pályaudvar, vasútállomás 19, 21, 67, 70
rain eső 94
rain, to esni 94
raincoat esőkabát 116
raisin mazsola 54
rangefinder távolságmérő 125
rare *(meat)* nincs eléggé átsütve 61
rash kiütés 139
raspberry málna 53
rate *(inflation)* inflációs ráta 131; *(exchange)* átváltási árfolyam 18, 130
razor borotva 109
razor blade borotvapenge 109
reading-lamp olvasólámpa 27
ready készen 29, 117, 123, 125, 145
real valódi 117
rear hátul 75
receipt blokk 103; elismervény 144
reception recepció 23
receptionist recepciós 26
recommend, to ajánlani 36, 137, 145; ajánlani 80, 86
record *(disc)* lemez 127, 128
record player lemezjátszó 118
rectangular négyszögletes 101
red vörös, piros 59, 112
redcurrant ribizli 53
reduction kedvezmény 24, 82
refill *(pen)* tollbetét 105
regards üdvözlet 152
register, to *(luggage)* feladni 71
registered mail ajánlva 133
registration bejelentkezés 25
registration form bejelentőlap 25, 26
regular *(petrol)* normál 75
religion vallás 83
religious service egyházi szolgáltatás/szertartás 84
rent, to bérelni 19, 20, 90, 91, 119, 155
rental kölcsönzés 20
repair javítás 125
repair, to megjavítani 29, 117, 118, 121, 123, 125, 145
repeat, to megismételni 12

report, to *(a theft)* bejelenteni 156
required szükséges 88
reservation szobafoglalás 19, 23, jegyfoglalás 65, helyfoglalás 69
reserve, to foglalni 19, 23, 37, 69
restaurant étterem, vendéglő 19, 32, 34, 36, 67
return *(ticket)* oda-vissza 65, 69
return, to *(give back)* visszaad 103
reverse the charges, to R-beszélgetést kérni 135
rheumatism reuma 141
rib borda 138
ribbon szalag 105
rice rizs 46
right jobb 21, 63, 69, 77; *(correct)* helyes 14
ring *(on finger)* gyűrű 122
ring, to *(doorbell)* csengetni 155; *(phone)* telefonálni 134
river folyó 85, 90, 85
road út 76, 77, 85
road assistance autómentő 78
road map autótérkép 105
road sign közlekedési tábla 79
roasted sült 49
roll *(bread)* zsemle 39, 64
roller skate görkorcsolya 128
roll film tekercs film 124
room szoba 19, 23, 24, 25; *(space)* hely 32
room number szoba szám 26
room service felszolgálás a szobában 23
rope kötél 106
rosary rózsafüzér 122
rosemary rozmaring 52
round kerek 101
round *(golf)* játszma 90
round-neck kereknyakú 116
roundtrip oda-vissza 65, 69
route útvonal 85
rowing-boat evezős csónak 91
royal királyi 81
rubber *(material)* gumi 117; *(eraser)* radír 105
ruby rubint 122
rucksack hátizsák 106
ruin rom 81
ruler *(for measuring)* vonalzó 105
rum rum 59
running water folyó víz 23

Szótár

S

safe *(not dangerous)* biztonságos 90
safe széf 26
safety pin biztosítótű 109
saffron sáfrány 52
sailing-boat vitorlás 91
salad saláta 42
sale eladás 131; *(bargains)* kiárusítás 100
salt só 38, 39, 64
salty sós 61
sand homok 90
sandal szandál 117
sandwich szendvics 63
sanitary towel/napkin papírtörülköző 108
sapphire zafír 122
satin szatén 113
Saturday szombat 151
sauce mártás 48
saucepan nyeles serpenyő 120
saucer kistányér 107
sausage virsli, kolbász 64
say, to mondani 12
scarf sál 116
scarlet skarlátvörös 112
scenic route szép útvonal 85
school iskola 79
scissors olló 109
scooter robogó 74
Scotland Skócia 146
scrambled egg rántotta 39, 63
screwdriver csavarhúzó 120
sculptor szobrász 83
sculpture szobrászat 83
season évszak 150
seasoning fűszer 38
seat hely 69, 70, 87
seat belt biztonsági öv 75
second második 149
second másodperc 153
second class másodosztály 69
second hand másodpercmutató 122
second-hand használt 104
secretary titkárnő 27, 131
see, to látni, nézni 12, 80
sell, to árulni 100
send, to küldeni 78, 102, 103; feladni 132
send up, to felküldeni 26

sentence mondat 12
separately külön-külön 62
September szeptember 150
seriously *(wounded)* súlyosan 139
service kiszolgálás 24, 100; szolgáltatás 98 *(church)* szertartás 84
serviette szalvéta 37
set (hair) berakni 30
set menu napi menü 37, 40
setting lotion fixatőr 30, 110
seven hét 147
seventeen tizenhét 147
seventh hetedik 149
seventy hetven 148
sew, to varrni 29
shampoo sampon 30, 110
shampoo and set mosás és berakás 30
shape forma 103
share *(finance)* részvény 131
sharp *(pain)* éles 140
shave, to borotválni 31
shaver borotva 27, 118
shaving brush borotvapamacs 109
shaving cream borotvakrém 109
she ő 161
shelf polc 119
ship hajó 74
shirt ing 116
shivery, to feel rázza a hideg 140
shoe cipő 117
shoelace cipőfűző 117
shoemaker's cipész 99
shoe polish cipőkrém 117
shoe shop cipőbolt 99
shop üzlet, bolt 98
shopping vásárlás 97
shopping area vásárló negyed 81, 100
shop window kirakat 100, 111
shopping centre bevásárló központ 99
short rövid 30, 115
shorts sort 116
short-sighted rövidlátó 123
shoulder váll 138, lapocka 49
shovel lapát 128
show előadás 87, műsor 88
show, to (meg)mutatni 13, 76, 100, 101, 103, 118, 124

DICTIONARY

shower zuhanyozó 23, 32
shrink, to összemenni 113
shut zárva 14
shutter *(window)* zsalu 29; *(camera)* zár 125
sick *(ill)* beteg 140, 156
sickness *(illness)* betegség 140
side oldal 30
sideboards/burns pajesz 31
sightseeing városnézés 80
sightseeing tour városnéző körút 80
sign *(notice)* felirat 155; *(road)* jelzőlámpa 79
sign, to aláírni 26, 130
signature aláírás 25
signet ring pecsétgyűrű 122
silk selyem 113
silver *(colour)* ezüstszínű 112
silver ezüst 121, 122
silver plate ezüstözött 122
silverware ezüst evőeszköz 122
simple egyszerű 124
since óta 15, 150
sing, to énekelni 88
single *(woman/man)* hajadon/ nőtlen 93
single *(ticket)* csak oda 65, 69
single room egyágyas szoba 19, 23
sister lánytestvér 93
sit down, to leülni 95
six hat 147
sixteen tizenhat 147
sixth hatodik 149
sixty hatvan 147
size *(format)* méret 124; *(clothes)* méret 113, 114; *(shoes)* méret 117
skate korcsolya 91
skating rink korcsolyapálya 91
ski sí 91
ski, to síelni 91
skiing síelni 89, 91
skin bőr 138
skin-diving equipment búvárfelszerelés 106
skirt szoknya 116
sky ég 94
sleep, to aludni 144
sleeping bag hálózsák 106
sleeping-car hálókocsi 66, 68, 69, 70

sleeping pill altató 108, 143
sleeve (ruha)ujj 115
slice *(ham)* szelet 119
slide *(photo)* dia 124
slip kombiné 116
slipper papucs 117
slow lassú 14
slow down, to lassítani 79
slowly lassan 12, 21, 135
small kicsi, kis 14, 20, 25, 101, 117
smoke, to dohányozni 95
smoker dohányzó 70
snack gyorsétkezés/snack 63
snack bar büfé 33, 67
snap fastener patent 116
sneakers tornacipő 117
snorkel búvárpipa 128
snow hó 94
snow, to havazni 94
snuff tubák 126
soap szappan 27, 110
soccer futball, labdarúgás 89
sock zokni 116
socket *(outlet)* konnektor 27
soft lágy 123
soft *(drink)* üdítő 64
soft-boiled *(egg)* lágy(tojás) 39
sold out *(theatre)* minden jegy elkelt 87
sole talp 117
soloist szólista 88
someone valaki 95
something valami 25, 37, 107, 111, 112, 139
somewhere valahol 87
son fia 93
song dal 128
soon hamarosan 15
sore *(painful)* érzékeny 145
sore throat torokfájás 141
sorry sajnálom 11, 16
sort *(kind)* fajta 119
soup leves 44
south dél 77
South Africa Dél-Afrika 146
South America Dél-Amerika 146
souvenir souvenir 127
souvenir shop souvenir bolt 99
Soviet Union Szovjetunió 146
spade lapát 128
Spain Spanyolország 146
spare tyre tartalékgumi 75

Szótár

sparking plug gyújtógyertya 76
speak, to beszélni 12, 135
speaker *(loudspeaker)* hangfal 118
special speciális 38
special delivery expressz 133
specialist szakorvos 142
speciality különlegesség 45
specimen *(medical)* minta 142
spectacle case szemüvegtok 123
spell, to elbetűzni 12
spend, to költeni 101
spice fűszer 52
spinach spenót 52
spine gerinc 138
sponge szivacs 110
spoon kanál 37, 61, 120
sport sport 89
sporting goods shop
   sportszerkereskedés 99
sprain, to kificamodni 140
spring *(season)* tavasz 150;
   (water) forrás 85
square négyzet alakú 101
square tér 81
stadium stadion 82
staff személyzet 26
stain folt 29
stainless steel rozsdamentes acél
   120, 122
stalls *(theatre)* földszint 87
stamp *(postage)* bélyeg 28, 126,
   132, 133
staple U-kapocs 105
star csillag 94
start, to kezdődni 80, 87, 88;
   (car) beindulni 78
starter *(appetizer)* előétel 42
station *(railway)* pályaudvar 19,
   67; állomás 21, 70
   (underground, subway)
   metróállomás 73
stationer's papír-írószer bolt 99,
   104
statue szobor 82
stay, to maradni 16, 24, 26;
   (reside) lakni 93
steal, to ellopni 156
stew pörkölt 49
stewed pörköltnek, főtt 49
stiff neck nyakmerevedés 141
sting csípés 139
sting, to megcsípni 139

stitch, to megvarrni 29, 117
stock, out of *(in shop)* elfogyott
   103
stocking harisnya 116
stomach gyomor 138
stomach ache gyomorfájás 141
stools széklet 142
stop (bus) (busz) megálló 72, 73
stop! álljon meg! 156
stop, to megállni 21, 68, 70, 72
stop thief! fogják meg, tolvaj! 156
store *(shop)* üzlet, bolt 98
straight *(drink)* tisztán 59
straight ahead egyenesen tovább
   21, 77
strange furcsa 84
strawberry eper 53
street utca 25
streetcar villamos 72
street map (város) térkép 19, 105
string zsineg 105
strong erős 143
student diák 82, 93
study, to tanulni 93
stuffed töltött 42
sturdy szilárd 101
subway *(railway)* metró 73
suede antilopbőr 114, 117
sugar cukor 38, 64
suit *(man)* öltöny 116;
   (woman) kosztüm 116
suitcase bőrönd 18
summer nyár 150
sun nap 94
sunburn leégés 107
Sunday vasárnap 151
sunglasses napszemüveg 123
sunny napos 94
sunshade *(beach)* napernyő 91
sunstroke napszúrás 141
sun-tan cream napozókrém 110
sun-tan oil napolaj 110
super *(petrol)* szuper 75
superb kiváló 84
supermarket ABC-áruház 99
suppository kúp 108
surgeon sebész 137
surgery *(consulting room)* orvosi
   rendelő 137
surname (családi)név 25
suspenders *(Am.)* nadrágtartó 117
swallow, to lenyelni 143

DICTIONARY

Szótár

sweater kardigán 116
sweatshirt hosszúujjú póló 116
Sweden Svédország 146
sweet édes 59, 61
sweet *(candy)* cukorka 126
sweet corn kukorica 52
sweetener szacharin 38
swell, to bedagadni 139
swelling duzzanat 139
swim, to úszni, fürdeni 90
swimming úszás 89; fürdés 91
swimming pool uszoda 32, 90
swimming trunks úszónadrág 116
swimsuit fürdőruha 116
switch *(light)* kapcsoló 29
switchboard operator
    telefonközpontos 26
switch on, to *(light)* felkapcsolni 79
Switzerland Svájc 146
swollen bedagadt 139
synagogue zsinagóga 84
synthetic szintetikus 113
system rendszer 138

T
table asztal 37, 106
tablet tabletta 108
tailor's szabó 99
take, to vinni 18; kivenni 25; tartani
    72; megvenni 102; hordani 114
take away, to *(carry)* elvinni 63
talcum powder púder 110
tampon tampon 108
tangerine mandarin 53
tap *(water)* csap 28
tape recorder (kazettás)magnó 118
taxi taxi 19, 21, 31
tea tea 39, 60, 64
team csapat 89
tear, to elszakadni 140
teaspoon kávéskanál 120, 143
telegram távirat 133
telegraph office távíróhivatal 99
telephone telefon 28, 78, 79, 134
telephone, to telefonálni 134
telephone booth telefonfülke 134
telephone call telefonbeszélgetés
    136
telephone directory telefonkönyv
    134

telephone number telefonszám
    135, 136
telephoto lens teleobjektív 125
television *(set)* televízió, TV 23, 28,
    118
telex telex 133
telex, to telexezni 130
tell, to megmondani 13, 76, 136,
    153
temperature *(fever)* láz 140
temporary ideiglenes 145
ten tíz 147
tendon ín 138
tennis tenisz 89
tennis court teniszpálya 89
tennis racket teniszütő 90
tent sátor 32, 106
tenth tizedik 149
tent peg sátorcövek 106
tent pole sátorcölöp 106
term *(word)* kifejezés 131
terrace terasz 37
terrifying rémisztő 84
tetanus tetanusz 140
than mint 14
thank you köszönöm 10
the a, az 160
theatre színház 82, 86
theft lopás 156
their az ő... l62
then aztán 15
there ott 14
thermometer hőmérő 108,
    lázmérő 144
they ők 161
thief tolvaj 156
thigh comb 138
thin vékony 112
think, to gondolni 94;
    (believe) hinni 62
third harmadik 149
third harmad 149
thirsty, to be szomjas(nak) lenni
    13, 36
thirteen tizenhárom 147
thirty harminc 147
thousand ezer 148
thread cérna 27
three három 147
throat torok 138, 141
throat lozenge torokfájás elleni
    cukorka 108

turquoise türkiz 122
turtleneck garbó 116
tweezers csipesz 110
twelve tizenkettő 147
twenty húsz 147
twice kétszer 149
twin bed ikerágy 23
two kettő 147
typewriter írógép 27, 105
typing paper gépíró papír 105
tyre gumi 75, 76

U

ugly csúnya 14, 84
umbrella esernyő 116;
   (beach) napernyő 91
uncle nagybácsi 93
unconscious, to be eszméletét
   veszteni 139
under alatt 15
underdone (meat) félig átsütve 49
underground (railway) metró 73
underpants alsónadrág, bugyi 116
undershirt atlétatrikó 116
understand, to érteni 12, 16
undress, to levetkőzni 142
United States Egyesült Államok
   146
university egyetem 82
unleaded ólommentes 75
until -ig 15
up fel 15
upper felső 69
upset stomach gyomorrontás 107
upstairs fent 15
urgent sürgős 13, 145
urine vizelet 142
use, to használni 78, 134
useful hasznos 15

V

vacancy szabad szoba 23
vacant szabad 14, 155
vacation szabadság 151
vaccinate, to beoltani 140
vacuum flask termosz 120
vaginal hüvely 141
vaginal infection hüvelyfertőzés
   141
valley völgy 85

value érték 131
vanilla vanília 55
veal borjú 49
vegetable főzelék 52
vegetable store zöldséges 99
vegetarian vegetáriánus 38
vein ér, véna 138
velvet bársony 113
velveteen gyapjúbársony 113
venereal disease nemi betegség
   142
venison őz 48
vermouth vermut 59
very nagyon 15
vest atlétatrikó 116;
   (Am.) mellény 116
veterinarian állatorvos 99
video cassette video kazetta 118,
   124, 127
video recorder videomagnó 118
view kilátás 23, 25
village falu 76, 85
vinegar ecet 38
vineyard szőlőskert 85
visiting hours látogatási idő 144
vitamin pills vitamin 108
V-neck V-nyakú 116
vodka vodka 59
volleyball röplabda 89
voltage feszültség 27, 118
vomit, to hányni 140

W

waistcoat mellény 116
wait, to várni 21, 95, 107, 162
waiter pincér 26, 37
waiting room váróterem 67
waitress pincérnő 26; kisasszony
   37
wake, to felébreszteni 27, 71
Wales Wales 146
walk, to gyalogolni 74; gyalog
   menni 85
wall fal 85
wallet pénztárca 156
walnut dió 53
want, to (wish) akarni 101
warm meleg 94
wash to kimosni 29, lemosni 76
washable mosható 113
wash basin mosdó 28

DICTIONARY

Magyar nyelvű tartalomjegyzék

Magyar nyelvű tartalomjegyzék